はじめての
TOEIC BRIDGE®
L&R テスト
全パート総合対策

高山芳樹

ask

●英文執筆協力 .... Daniel Warriner
●イラスト .... 杠聡
●音声収録・編集 ...... ユニバ合同会社
●ナレーター .... Rachel Walzer Emma Howard
                            Iain Gibb   Stuart O

はじめに

　TOEIC テストのジュニア版である TOEIC Bridge テストは、2001 年に誕生しました。このテストは「英語学習初級者から中級者を対象とした、日常生活における活きた英語の力を測定する、世界共通のテスト」であることから、開始以来、中学校・高校・短大・大学といった教育現場を中心に広く活用され、受験者数も開始当初に比べると大幅に増えました。また、ビジネスパーソンを中心とした社会人にとっても、TOEIC テストよりも気軽に受験ができ、自分のレベルに合った具体的なフィードバックを得られるメリットがあることから、その名の通り、TOEIC テストへの「架け橋」として TOEIC Bridge テストを活用しようとする人も増えました。

　しかし、その一方で、星の数ほどあると言っても言い過ぎではない TOEIC テストに関する本の出版数に比べると、TOEIC Bridge テストを紹介する本は非常に少ないのが現実です。本書の前身の『受けてみよう！TOEIC BRIDGE テスト はじめて受験編』は、そのような状況を踏まえて出版され、おかげさまで数多くの英語学習者の支持を受け、長きに渡って使っていただくことができました。

　その後、時代と共に TOEIC テストが進化し、4 技能化したように、TOEIC Bridge テストも同様の進化を遂げ、2019 年 6 月に新形式での公開テストがスタートしました。本書は『受けてみよう！TOEIC BRIDGE テスト　はじめて受験編』を全面的に改訂し、TOEIC Bridge Listening & Reading テストをはじめて受験しようという人をメインターゲットに、「TOEIC Bridge L&R テストとはどのようなテストなのか」をできるだけわかりやすく、紹介したつもりです。各パートの問題形式の説明に始まり、解答の流れ、出題パターンとその対策、解答時の注意点を簡潔にまとめました。さらにパートごとに、実際のテストと同数の実戦問題を用意しています。何度も繰り返し問題にチャレンジをしていただくことで、TOEIC Bridge L&R テスト攻略のための基礎体力が確実に身につくはずです。

　最後になりましたが、本書の企画段階から出版に至るまで、多大なるご協力とご支援を賜りましたアスク出版の川田直樹氏に心から感謝申し上げます。

高山芳樹

目次

TOEIC Bridge L & R テストとは？

LISTENING PART 1　画像選択問題　Four Pictures

LISTENING PART 2　応答問題　Question-Response

LISTENING PART 3　会話問題　Conversations

LISTENING Part 4　説明文問題　Talks

本書の使い方

　本書は TOEIC Bridge のパート構成と同じく、7 つのパートで構成されています。 各パートを 2 日で学習するカリキュラムになっており、合計 14 日で初受験に必要なすべてのことを学習できます。

各章の構成

● 1 日目

〈パート概要〉　各パートの問題形式をわかりやすく解説。
　　　　　　　　指示文（Directions）とその訳も掲載。

↓

〈サンプル問題〉　各パートの例題に挑戦！　本番の試験を体験してみよう。

↓

〈パターン解説〉　本書の最大の特長！　〈サンプル問題〉を使って、出題傾向とその対策をわかりやすく図解 !!

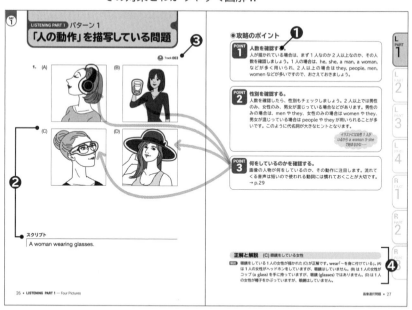

❶ 攻略のポイント
どのように解答すればよいのかが、パッと見てわかる！　矢印を使って図解。

❷ 画像・設問・音声スクリプト

❸ 音声のトラック番号
付属の音声のトラックナンバー。

❹ 正解と解説
問題の訳と、より具体的な解説を掲載。

●2日目

〈実戦問題〉

各パートの模擬問題。TOEIC Bridge を完全再現した模試を解いて、本番に備えます。解答は巻末のマークシートを使ってください。

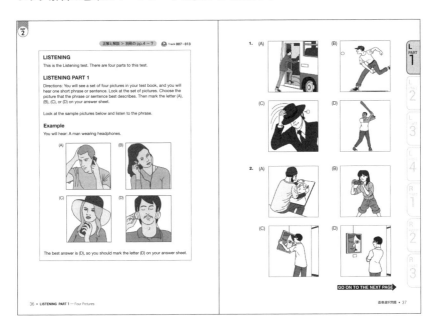

別冊　解答・解説

　〈実戦問題〉の解答・解説は別冊形式。問題英文も掲載。答え合わせしやすいだけでなく、復習ドリルとしても活用できます。

❶ 問題も掲載！
LISTENING PART 1 の画像（イラスト）や、READING PART2、PART 3 の問題英文なども掲載。

❸ 音声のトラック番号
復習しやすいように、問題ごとにトラック分けしているので、必要な音声だけを聞くことができます。

❷ 正解 & 解説
正解だけでなく、間違い選択肢についても説明。できる限り詳しく、わかりやすい解説を行なっています。

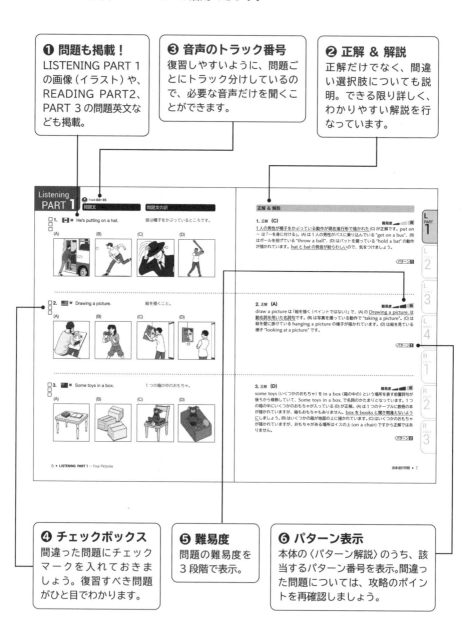

❹ チェックボックス
間違った問題にチェックマークを入れておきましょう。復習すべき問題がひと目でわかります。

❺ 難易度
問題の難易度を3段階で表示。

❻ パターン表示
本体の〈パターン解説〉のうち、該当するパターン番号を表示。間違った問題については、攻略のポイントを再確認しましょう。

❖音声ダウンロード

　本書ではデジタルオーディオプレーヤーでご利用いただける音声データのダウンロードを行なっています。

★ブラウザからダウンロードする

　ウェブブラウザを使って、以下のサイトにアクセスしてください。

> 『はじめての TOEIC BRIDGE® L&R テスト　全パート総合対策』
>
> アスクブックス　ウェブサイト
>
> https://www.ask-books.com/978-4-86639-397-1

★アプリにダウンロードする

　abceed（エービーシード）　株式会社 Globee が提供するサービスです。

> https://www.abceed.com/　

アプリで、本書の書名を検索してダウンロードしてください。

TOEIC Bridge L&Rテストとは？

　TOEIC Bridge Listening & Reading Tests は、英語学習初級者から中級者を対象とした、日常生活で活きる"英語で聞く・読む能力"を測定するテストです。

　TOEIC Bridge の「Bridge」は、「橋」という意味です。つまり、このテスト名には「TOEIC への架け橋」になるように、との思いが込められています。TOEIC Bridge テストは TOEIC に進む前段階で取り組めるテストとして開発され、2001 年にスタートしました。その後、「聞く・読む」能力に「話す・書く」能力を加えた 4 技能を測定できる新形式のテスト（TOEIC Bridge L&R テストと TOEIC Bridge S&W テスト）が開発され、公開テストでは 2019 年6月から開始、また団体特別受験制度（IP: Institutional Program）では 2020 年 4 月から導入されています。

　TOEIC テストでは日常生活やグローバルビジネスでの場面を想定した幅広い内容を扱っているのに対し、TOEIC Bridge テストは英語初・中級者に合わせ、より身近な日常生活を題材に基礎的な英語力を測定します。 TOEIC L&R テストと比べ、TOEIC Bridge L&R テストは難易度がやさしいという以外に、次のような特徴があります。

1. 日常的で身近な題材が中心
2. 問題数と受験時間が半分（100 問／ 1 時間）
3. リスニングスピードはゆっくり

　日常生活に関わる英語中心、問題数と受験時間も半分、リスニングスピードもゆっくりということで学生や英語初・中級者が取り組みやすくなっています。英語の学習は根気がいるものです。目標を持たずに学習を進めても、なかなか長続きしません。英語初・中級者にとって、TOEIC Bridge の受験は、モチベーションを高める、よい目標となると思います。

TOEIC Bridge L&R テストと TOEIC L&R テストの違いは？

　TOEIC L&R テストと TOEIC Bridge L&R テストを比べ、どちらが自分にあっているのか悩んでいる人もいるでしょう。TOEIC L&R テストは難しいなあ

と感じる方や英語学習初期段階の方には TOEIC Bridge の受験をおすすめします。以下の比較表も参考にして、自分にはどちらが合っているのか判断してみてください。

　受験料など変更される可能性がありますので、詳しい情報は IIBC 公式サイト（→ p.18 参照）をご確認ください。

	TOEIC Bridge L & R テスト	**TOEIC L & R テスト**
測定する能力	初・中級者の「聞く」「読む」英語力	「聞く」「読む」英語力
出題範囲	日常生活	ビジネス・日常生活
テストの形式と構成	約1時間のテスト リスニング約25分間 リーディング35分間	約2時間のテスト リスニング約45分間 リーディング35分間
問題数	100問 （リスニング50問 リーディング50問）	200問 （リスニング100問 リーディング100問）
解答方法	マークシート方式	マークシート方式
テスト結果	30〜100点 （リスニング15〜50点 リーディング15〜50点） 1点刻みのスコアで評価	10〜990点 （リスニング5〜495点 リーディング5〜495点） 5点刻みのスコアで評価
受験料	4,950円（税込） ※2021年7月現在	7,810円（税込） ※2021年10月〜

テストの構成は？

　テスト構成は下表のように、まずリスニング・テストとリーディング・テストに別れ、リスニングの中に PART 1 ～ 4、リーディングに PART 1 ～ 3 があり、計 7 つのパートで構成されています。

	リスニング				リーディング		
	PART 1	PART 2	PART 3	PART 4	PART 1	PART 2	PART 3
問題数	6 問	20 問	10 問	14 問	15 問	15 問	20 問
問題形式	4 択	4 択	4 択	4 択	4 択	4 択	4 択
試験時間	約 25 分間				35 分間		

> リスニング・テスト

PART 1：Four Pictures ― 画像選択問題（6 問）

　句や文を聞いて、4 つの絵の中から、その句や文を最もよく表す絵を選ぶ問題です。問題用紙には絵だけが提示されていて、読まれる音声は一度きりです。

PART 2：Question-Response ― 応答問題（20 問）

　質問や発言を聞いて、4 つの選択肢の中から、応答として最も適切なものを選ぶ問題です。問題用紙には記載されていない英文の短い問いかけの音声が流れ、続いて記載されている（A）～（D）の 4 つの応答が読み上げられます。音声が読まれるのは一度きりです。

PART 3：Conversations ― 会話問題（10 問）

　2 人の人物による短い会話を聞き、会話に関する 2 つの設問に解答する問題です。後半の 2 題には、看板やお知らせなどの簡単な補足図表を参照する問題もあります。ここでも音声が読まれるのは一度だけです。設問は 4 択形式です。

PART 4：Talks ― 説明文問題（14 問）

　1 人の話し手による短いメッセージやお知らせなどを聞き、その内容に関する 2 つの設問に解答する問題です。後半の 2 題には、看板やお知らせなどの簡単な補足図表を参照する問題もあります。ここでも音声が読まれるのは一度だけです。設問は 4 択形式です。

PART 1：Sentence Completion ― 短文穴埋め問題（15 問）

　語や句が 1 カ所抜けている文を読み、それを完成させるのに最も適切な選択肢を選ぶ問題です。問題用紙に、空所を含んだ英文と（A）～（D）の選択肢が提示されています。4 つの選択肢の中から、空所を埋めるものを選び、意味の通る完全な文にします。

PART 2：Text Completion ― 長文穴埋め問題（15 問）

　語や句または文が 3 カ所抜けている文章を読み、それを完成させるのに最も適切選択肢を選ぶ問題です。問題用紙に、空所を含んだ英文と（A）～（D）の選択肢が提示されています。4 つの選択肢の中から、空所を埋めるものを選び、意味の通る完全な文にします。

PART 3：Reading Comprehension ― 読解問題（20 問）

　1 つの文書を読んで、それに関する 2 つか 3 つの設問に解答する問題です。E メール・広告・お知らせ・ウェブページ・テキストメッセージなど、さまざまな英文を読み、その内容に関する設問に答えます。英文は 8 題出題され、それぞれに 2 ～ 3 問の設問がついています。設問は 4 択形式です。

成績はどのように算出される？

　TOEIC Bridge の成績は、リスニング 15 ～ 50 点、リーディング 15 ～ 50 点、計 30 ～ 100 点のスコアで評価されます（1 点刻み）。ここが、英検などの合格・不合格で成績を判定するテストとの大きな違いです。 また、30 ～ 100 点のスコアのほかに、「アビリティーズ・メジャード（Abilities Measured）」と呼ばれる項目別正答率も算出されます。リスニングでは「適切な応答」「短い対話や会話」「短いトーク」「要点や述べられた事実の理解」、リーディングでは「語彙」「文法」「要点や述べられた事実の理解」「情報を伝える短い文書」の各 4 つの指標があり、自分の得意分野や弱点を知ることができます。ちなみに TOEIC Bridge のスコアは単純に「1 問の配点×正解数」で算出されるわけではありません。受験回によってスコアのブレが生じないように統計処理を加えて算出されています。そのためスコアが 30 ～ 100 点という値になっています。

 **Listening**

 **Reading**

TEST SCORE
100

15   50
50

15   50
50

 Listening
スコアレンジ：**39 〜 50 点**

このスコアレンジに該当する受験者は一般的に、つながりのある文と多少複雑な構造を含む、短い会話や……

Abilities Measured

適切な応答：短いやりとりにおいて、話し手への適切な応答がわかる	100%
短い対話や会話：ゆっくり話された短い対話や会話を理解できる	100%
短いトーク：1 人の話し手による、ゆっくり話される短いトークを理解できる	100%
要点や述べられた事実の理解：短い会話やトークの中で、話の要点や述べられた事実を理解できる	100%

Reading
スコアレンジ：**45 〜 50 点**

このスコアレンジに該当する受験者は、個人的、公的、あるいは身近な職場での場面で、さまざまな形式の短い文書を……

Abilities Measured

語彙：シンプルな文において、単語や短いフレーズを理解できる	100%
文法：シンプルな文において、形式、意味、簡単な文法構造の用法を理解できる	100%
要点や述べられた事実の理解：短い文書において、要点や述べられた事実を理解できる	100%
情報を伝える短い文書：情報を伝える、描写的、説明的な短い文書を理解できる	100%

スケジュールと受験地について

　TOEIC Bridge には、個人で受験する〈公開テスト〉のほか、〈公開テスト団体一括受験申込制度〉と〈団体特別受験制度（IP：Institutional Program）〉と呼ばれる団体受験制度があります。

　〈公開テスト〉は、受験希望者が個人で申し込み、個人で受験します。〈公開テスト団体一括受験申込制度〉は、公開テストを個人ではなく団体で申し込む制度です。〈団体特別受験制度（IP テスト）〉は、団体内で受験可能な制度で、マークシート方式に加えオンラインでの受験も可能です。

　詳しくは IIBC 公式 web サイトにアクセスしてください（→ p.18 参照）。

　〈公開テスト〉の年間スケジュールと受験地は以下の通り。

※スケジュール、受験地ともに今後、変更となる可能性があります。申し込みの際に、よく確認しましょう。

スケジュール	年4回 6月・9月・11月・3月
受験地	全国13都市 札幌・宮城・埼玉・千葉・東京・神奈川・愛知・京都・大阪・兵庫・岡山・広島・福岡

当日のスケジュールは？

10:00 ～ 10:30	• **試験教室への入室開始** • **マークシートに受験番号や氏名などを記入** 10時半までにトイレは済ませておくこと！
10:31 ～ 10:59	• **受験ガイダンス** 受験の注意点の説明。 • **音テスト** テスト音量・音質が適切かどうかの確認。聞こえづらければ、遠慮なく試験官に伝えよう！ • **アラームの解除／携帯電話の電源 OFF** 時計や携帯電話のアラームが解除されているか、確認をうながされます。携帯電話については、アラーム解除後、電源を落とす指示もあります。 • **身分証明書の確認** 写真付身分証明書を提示します。 • **問題冊子の配布** 最後に、問題冊子が配布されます。テスト開始の指示があるまで、中を見ることはできません。しばらくそのままで待機します。
11:00	• **テスト開始！** 11時ピッタリに、リスニングテストのPART 1がスタート。
11:25 頃	• **リーディングテスト開始** リスニング音声が約25分で終了し、すぐさまリーディングテストのPART 1が始まります。
11:30 頃	• **Part 1 を終了、Part 2 を開始** PART 1を2分30秒で終えるのが理想。
12:00	• **テスト終了！** テスト終了後、マークシートと問題冊子が回収されます。数量確認後、退場となります。
12:10 頃	• **解散**

テスト当日、注意すべきことは？

余裕をもって会場入りすること！

　10時半を過ぎると試験会場には入場できなくなります。また逆に、体調不良などの場合を除いて、原則、部屋から出ることができません。何らかの事情で退出したからといって、試験時間は延長してはもらえないので、会場には余裕を持って到着し、トイレなどは10時半前に済ませておきましょう。

時計のアラームは解除！

　これは、基本マナーです。試験中に時計のアラームや、時報が鳴るとほかの受験者の迷惑となります。必ず音が鳴らないように設定しておきましょう。試験官からも指示があります。

携帯電話の電源は切る！

　時計のアラーム同様、これも常識。テスト前の説明の時間に、試験官から指示があるので、そのタイミングで電源をオフにしてください。携帯電話を時計として使用することはできないので、腕時計を別に用意しておきましょう。

音声の書き取りはできない！

　リスニングテストの音声を余白などに書き取りたい人もいるかもしれません。しかし、音声の書き取りは禁止されています。採点拒否となる可能性があるので、書き取りは絶対にしないように。

問題冊子、マークシートの持ち帰りはできない！

　問題冊子、マークシートは、絶対に持ち帰ることができません。試験終了後、両方とも回収され、数の確認が行われます。数が揃わない場合は、揃うまで調査が行われますので、うっかり鞄に入れたりしないようにしましょう。

試験当日の持ち物リスト

□受験票	• 写真のはり付けは必要なし。
□写真付の本人確認書類	• 学生証、運転免許証、パスポート、マイナンバーカードなど。
□筆記用具	• マークのしやすさから、鉛筆のほうがオススメ。必ず複数持参すること。 • シャープペンの場合は替え芯を忘れずに！
□消しゴム	
□腕時計	• 試験会場には時計がないことも多いので、必ず用意。携帯電話・スマートフォンを時計代わりに使うことはできません。また、置き時計も使用できません。

TOEIC Bridge Listening & Reading Tests は、アメリカの非営利テスト開発機関 Educational Testing Service (ETS) により制作されています。ETS は TOEIC テストや TOEFL をはじめ、各種資格試験や国家試験を開発・制作・実施している世界最大規模の教育研究機関です。日本での実施・運営は、TOEIC テスト同様、一般財団法人 国際ビジネスコミュニケーション協会 (IIBC) によって行なわれており、問い合わせ窓口ともなっています。 IIBC の公式 Web サイトには、スケジュールや受験地、これまでの受験者数や平均スコアなど役立つ情報が多数、掲載されています。受験申込もこのサイトから行なうことができます。ぜひ一度アクセスしてみてください。

IIBC 公式サイト https://www.iibc-global.org

［問い合わせ先］ 一般財団法人 国際ビジネスコミュニケーション協会

- **IIBC 試験運営センター**
  〒 100-0014　東京都千代田区永田町 2-14-2 山王グランドビル
  TEL：03-5521-6033　FAX：03-3581-4783

- **名古屋事業所**
  TEL：052-220-0286

- **大阪事業所**
  TEL：06-6258-0224

  受付時間はいずれも 10:00 〜 17:00（土・日・祝日・年末年始を除く）
  ※受付時間については変更になる場合があるため公式サイトでご確認ください。

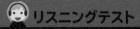リスニングテスト

PART 1
画像選択問題
Four Pictures

本章では PART 1〈画像選択問題〉の攻略法を学びます。
問題形式を把握し、解き方を身に付けましょう。
そして、最後は本番同様の「実戦問題」に挑戦です！

LISTENING PART 1 まずは、どんなパートなのかを理解しよう！

パートの概要

　問題冊子に 4 つの画像（イラスト）が提示されており、その中から 1 つの短い文（センテンス）や句（フレーズ）の音声の内容に最も合うものを選ぶ問題です。人、場所、物、行動などの簡単な説明を理解できる能力を測ります。

ページ例   **Sample**

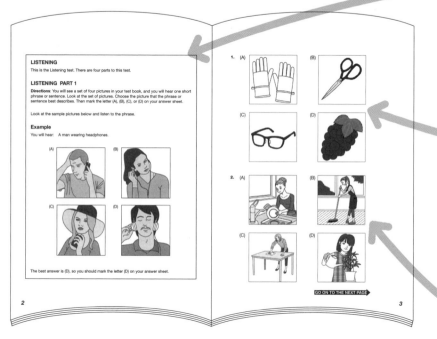

※問題冊子には、まず指示文と例題が掲載。問題の文字は印刷されておらず、(A)～(D)の記号のついた画像（イラスト）が各ページ 8 枚ずつ並んでいます。

テスト形式	内容	画像選択問題
	形式	4 択
	問題数	6 問
	所要時間	約 3 分

L
PART
2

L
PART
3

L
PART
4

R
PART
1

R
PART
2

R
PART
3

> LISTENING
> This is the listening test.
> There are ...
> (➡全文は p. 22 参照)

❶指示文（Directions）

試験が始まると、まず問題冊子に印刷された Part 1 の指示文（Directions）が音声で流れます。

> Now let us begin PART 1 with question number 1.

❷問題開始の合図

「では、パート 1 を問題 1 から始めましょう。」という音声が聞こえてきたら、PART 1 の問題のスタートです。

> Number 1.   Look at set number 1 in your test book. A pair of gloves.

❸1問目スタート

「問題用紙の 1 番のセットを見てください。」という指示が流れます。冊子に印刷されているのは画像（イラスト）のみです。文字情報はありません。

> 無音〈8 秒〉

❹1問目の解答

解答時間は 8 秒。正しいと思われる選択肢を 1 つだけ選び、解答用紙（マークシート）の該当する記号を塗りつぶします。

> Number 2.   Look at set number 2 in your test book. A woman is watering a plant.

❺2問目スタート

8 秒が経過したらすぐに「問題用紙の 2 番のセットを見てください。」という指示が流れ 2 問目がスタートします。

> 無音〈8 秒〉

❻2問目の解答

解答時間は 8 秒。このように「問題→解答時間→問題→解答時間」の流れが、第 6 問まで繰り返されます。
※第 2 問の後には、Go on to the next page. （次のページに進みなさい）という音声指示が流れ、その〈4 秒後〉に第 3 問が始まります。

以降 ❸→❻ のくり返し

本番と同様の「指示文」です。PART 1 の問題内容を説明しています。毎回同じ内容なので、ここで確認しておけば、テスト中、読む・聞く時間を節約できます。

 Track **002**

LISTENING

This is the Listening test. There are four parts to this test.

LISTENING PART 1

Directions: You will see a set of four pictures in your test book, and you will hear one short phrase or sentence. Look at the set of pictures. Choose the picture that the phrase or sentence best describes. Then mark the letter (A), (B), (C), or (D) on your answer sheet.

Look at the sample pictures below and listen to the phrase.

Example

You will hear: A man wearing headphones.

(A)

(B)

(C)

(D)

The best answer is (D), so you should mark the letter (D) on your answer sheet.

リスニング

　これはリスニングテストです。このテストには 4 つのパートがあります。

リスニング　パート 1

指示： 問題用紙にある 4 枚セットの画像を見て、短い句または文を 1 つ聞きます。画像のセットを見て、その句または文が最もよく描写している画像を選んでください。その後、解答用紙の (A)、(B)、(C)、(D) をマークします。

　下の例題の画像を見て、その句を聞いてください。

例題

聞こえるのは： ヘッドフォンをしている 1 人の男性。

最も適切な解答 (D) なので、解答用紙の (D) をマークします。

Now let us begin PART 1 with question number 1.
では、PART 1 を問題 1 から始めましょう。
※この 1 文は音声のみで、指示文には記載されていません。

サンプル問題

　PART1 の問題は、大きく「人の描写」と「物の描写」の 2 つに分けることできます。1 回の試験 6 問のうち人と物のバランスは、4 問は人で 2 問は物ということが多いです。物には動物（ネコなど）も含まれます。

　ここでは、代表的な 2 パターンのサンプル問題を用意しました。解答時間も本番同様 8 秒にセットしてあります。これらの問題を解いて、PART1 の雰囲気をつかんでみましょう。

　音声を聞いて、最もよく描写している画像を(A)〜(D)から 1 つ選んでください。（p.209 のマークシートをご利用ください）

▶ Track **003** ▶ **004**

1.　(A)

(B)

(C)

(D)

2. (A)

(B)

(C)

(D)

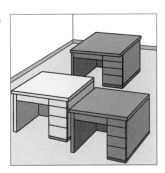

L PART 1

L PART 2

L PART 3

L PART 4

R PART 1

R PART 2

R PART 3

LISTENING PART 1 の出題パターン

[No. 1] ▶ パターン1 「人の動作」を描写している問題
[No. 2] ▶ パターン2 「物の状態」を描写している問題

次のページから、
各パターンの攻略法を学習しましょう！

「人の動作」を描写している問題

 Track 003

1. (A)

(B)

(C)

(D)

スクリプト

A woman wearing glasses.

●攻略のポイント

L
PART
1

L
PART
2

L
PART
3

L
PART
4

R
PART
1

R
PART
2

R
PART
3

POINT 1　人数を確認する。

人が描かれている場合は、まず1人なのか2人以上なのか、その人数を確認しましょう。1人の場合は、he, she, a man, a woman, などが多く用いられ、2人以上の場合は they, people, men, women などが多いですので、おさえておきましょう。

POINT 2　性別を確認する。

人数を確認したら、性別もチェックしましょう。2人以上では男性のみ、女性のみ、男女が混じっている場合などがあります。男性のみの場合は、men や they、女性のみの場合は women や they、男女が混じっている場合は people や they が用いられることが多いです。このように代名詞が大きなヒントとなります。

> イラストには女性1人がいるから a woman か she で始まるかな……

POINT 3　何をしているのかを確認する。

画像の人物が何をしているのか、その動作に注目します。流れてくる音声は短いので使われる動詞には慣れておくことが大切です。
→ p.29

正解と解説　(C) 眼鏡をしている女性

解説　眼鏡をしている1人の女性が描かれた (C) が正解です。**wear**「〜を身に付けている」。(A)は1人の女性がヘッドホンをしていますが、眼鏡はしていません。(B) は1人の女性がコップ (a glass) を手に持っていますが、眼鏡 (glasses) ではありません。(D) は1人の女性が帽子をかぶっていますが、眼鏡はしていません。

出題される英語は？

　出題される英語は文（センテンス）と句（フレーズ）の2種類です。文ではなく句の場合は特に短いものが多いため、聞き逃さないように注意しなければなりません。句の形に戸惑わないように慣れていきましょう。

●**文（センテンス）の場合**：現在進行形や受け身の現在形が多い。

A woman <u>is wearing</u> glasses. （女性が眼鏡をしている。）

The men <u>are seated</u> by the window. （男性たちが窓際に着席している。）

●**句（フレーズ）の場合**：現在分詞や前置詞句による後置修飾が多い。動名詞を用いた動作を表す名詞句も出題される。

A woman <u>wearing</u> glasses. （眼鏡をしている女性。）
　　　　　現在分詞

The men <u>by the window</u>. （窓際にいる男性たち。）
　　　　　前置詞句

名詞句 ┌ Getting <u>on a bus</u>. （バスに乗車すること。）
　　　　　動名詞

　　　　└ Talking <u>on a phone</u>. （電話で話すこと。）
　　　　　動名詞

●**位置関係が加わる場合**：動作を表す文に位置関係を表す前置詞句が加わることが多い。

例1）　He's reading. （彼は本を読んでいる。）●———— 動作を表す文
　　　　↓
　　　　He's reading <u>in a library</u>. （彼は図書館で本を読んでいる。）
　　　　　　　　　　　前置詞句

例2）　People are seated. （人々は座っている。）●———— 動作を表す文
　　　　↓
　　　　People are seated <u>at a table</u>. （人々はテーブルに座っている。）
　　　　　　　　　　　　　前置詞句

●おさえておきたい動作を表すフレーズ ▶ Track 005

1 ☐	**shopping for groceries** 食料品の買い物をしている	**shop**	買い物をする
2 ☐	**holding a box** 箱を持っている	**hold**	～を持つ
3 ☐	**walking side by side** 横に並んで歩いている	**walk**	歩く
4 ☐	**throwing a ball** ボールを投げている	**throw**	～を投げる
5 ☐	**using a ladder** はしごを使っている	**use**	～を使う
6 ☐	**standing at a bus stop** バス停に立っている	**stand**	立つ
7 ☐	**wearing a backpack** バックパックを身に付けている	**wear**	～を身に付ける
8 ☐	**putting food in a shopping bag** 食べ物をショッピングバッグに入れている	**put**	～を置く、入れる
9 ☐	**watering some plants** 植物に水をやっている	**water**	～を水をやる
10 ☐	**talking on a phone** 電話で話している	**talk**	話す
11 ☐	**sitting around a table** テーブルの回りに座っている	**sit**	座る
12 ☐	**drinking from a glass** グラスから飲んでいる	**drink**	飲む
13 ☐	**carrying a bag** かばんを運んでいる	**carry**	～を運ぶ
14 ☐	**pushing a cart** カートを押している	**push**	～を押す
15 ☐	**boarding a bus** バスに乗っている	**board**	～に乗る
16 ☐	**climbing stairs** 階段を上っている	**climb**	～を上る
17 ☐	**entering a building** ビルに入っていく	**enter**	～に入る
18 ☐	**facing each other** 向かい合わせになっている	**face**	～の方へ向く
19 ☐	**pouring water** 水を注いでいる	**pour**	～を注ぐ
20 ☐	**turning on a light** 明かりを点けている	**turn on**	～を点ける
21 ☐	**picking up a note** メモを手に取っている	**pick up**	～を手に取る
22 ☐	**leaning on a railing** 手すりによりかかっている	**lean**	よりかかる
23 ☐	**parking a car** 駐車をしている	**park**	～を駐車する
24 ☐	**hanging a picture on a wall** 壁に写真を掛けている	**hang**	～を掛ける

LISTENING PART 1 パターン 2

「物の状態」を描写している問題

🔘 Track **004**

1. (A)  (B)

(C) 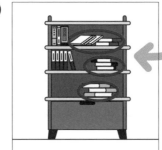 (D)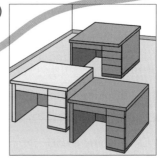

スクリプト

Some books are placed on a desk.

L PART 1

L PART 2

L PART 3

L PART 4

R PART 1

R PART 2

R PART 3

●攻略のポイント

POINT 1　何が描かれているのかを事前に確認する。

音声が流れてくる前に、イラストに何が描かれているのかを必ず確認しましょう。この問題の場合では、物として机、本、棚、箱があるなという程度に瞬時に判断します。

POINT 2　描かれているものの位置・背景を確認する。

物が描かれている場合、特に、その位置や背景に注意しましょう。位置関係を表す語句（→ p.33 参照）をしっかり捉えて微妙な意味の違いにも惑わされないように。

POINT 3　描かれているもので発音が似ているものがないか事前に確認する。

選択肢の絵の中に、本 (books) や箱 (a box) といった、発音が似ている物が描かれている場合、聞き分けができないと間違った絵を選んでしまう可能性があります。どちらかの絵がひっかけの可能性が大ですので、注意して音声を聞きましょう。

正解と解説　(A) 何冊かの本が机に置いてある。

解説　机の上に何冊かの本が置かれた様子が描かれた (A) が正解。place は「～を置く」という動詞で、英文は受け身の文です。(B) は机の下に 1 つの箱がありますが、本は机にありません。books と box を聞き間違えないように。(C) は何冊かの本があるのは机の上ではなく棚です。(D) はいくつかの机が床の上にありますが、本はありません。

出題される英語は？

出題される英語は文（センテンス）と句（フレーズ）の２種類です。句の場合は特に長さが短いものが多いため、聞き逃さないように注意しましょう。句の形に戸惑わないように音声で聞いて、耳慣れしておきましょう。

●**文（センテンス）の場合**：形容詞による描写や、現在進行形や受け身の現在形が多い。

形容詞 ▷ The door is <u>open</u>. （ドアが開いている。）

現在進行形 ▷ A coat <u>is hanging</u> on a hook. （コートがフックにかかっている。）

受け身 ▷ Some books are <u>placed</u> on a desk. （机にいくつかの本が置いてある。）

●**句（フレーズ）の場合**：現在分詞・過去分詞や前置詞句による後置修飾が多い。

現在分詞 ▷ Pictures <u>hanging on a wall</u>. （壁にかかっている絵。）

過去分詞 ▷ Notes <u>written in English</u>. （英語で書かれたメモ。）

前置詞句 ▷ Plates <u>on a table</u>. （テーブルの上のお皿。）

代表的な名詞句の構造パターンには以下のようなものがあります。

（ 名詞１ + of + 名詞２ ）

「名詞１ + of ～」が数える単位となって「名詞２」を修飾します。

Some rows of chairs. （何列かのイス。）

Three bottles of wine. （3本のワイン。）

（ 物と位置関係：名詞＋前置詞を伴う句 ）

物と位置関係だけから成る名詞句があります。

例） <u>A house</u> <u>in a forest</u>. 森の中の家。

    物 **＋** 位置

    <u>Magazines</u> <u>on a table</u>. テーブルの上の雑誌

◉おさえておきたい位置関係を表す語句

☐ **on...**　〜の上に（触れている）／☐ **in...**　〜の中に／☐ **at...**　〜（場所）で
☐ **under...**　〜の下に／☐ **above...**　〜の上に／☐ **by...**　〜のそばに／☐ **along...**
〜に沿って／☐ **next to...**　〜の隣に／☐ **close to...**　〜の近くに／☐ **in front of...**
〜の正面に

◉おさえておきたい名詞フレーズ

 Track **006**

1 ☐	**a coat hanging on a hook**　フックに掛かっているコート
2 ☐	**a picture hanging on a wall**　壁に掛かっている絵
3 ☐	**some dishes arranged on a table**　テーブルに配置されている皿
4 ☐	**three boxes on a floor**　床の上の 3 つの箱
5 ☐	**flowers in a vase**　花瓶の中の花
6 ☐	**balls in a box**　箱の中のボール
7 ☐	**two shirts in a closet**　クローゼットの中の 2 枚のシャツ
8 ☐	**a cat sleeping at a door**　ドアのところで眠っている猫
9 ☐	**a cat on a sofa**　ソファーの上の猫
10 ☐	**a bench under a tree**　木の下のベンチ
11 ☐	**a plane above clouds**　雲の上の飛行機
12 ☐	**a dog sitting by a door**　ドアのそばで座っている犬
13 ☐	**a sofa by a window**　窓のそばのソファー
14 ☐	**cars parked along a road**　道路沿いに駐車された車
15 ☐	**a lot of trees along a river**　川沿いにあるたくさんの木
16 ☐	**a table next to a bed**　ベッドの脇のテーブル
17 ☐	**a bike close to a vending machine**　自動販売機の近くにある自転車
18 ☐	**two cars in front of a house**　家の前の2台の車

実戦問題

　1問でも多く正解するために、本番の試験で何をすべきで、何をすべきでないかをまとめました。これまで学習した攻略ポイントに加えて、これらも意識しながら取り組みましょう。

❶指示文は聞かない！

　指示文の内容は毎回同じです。本書に全文とその訳を掲載しているので、事前に理解しておけば（→ p.22 参照）、**聞く必要も、読む必要もありません。**
指示文の音声が流れる約 60 秒の間、**すべての画像に目を通してください。**〈人の動作〉、〈物の状態〉など問題のパターンをなるべく確認しておきましょう。

❷画像 4 点の違いを把握！

　8 秒の解答時間を使い切る前に解答を終え、次の問題の画像に目を通しましょう。①の時間とも合わせて、**問題の音声の前に画像の内容を把握しておくこと**が重要です。

❸1 つの文または句を集中して聞く！

　問題の音声の英語は 1 回で、しかも短いものも多いので**全神経を音声に集中**させます。4 つの画像を見比べながら、確信を持った上でマークしましょう。

❹迷ってもマークする！

4 つの画像を見ても、解答を 1 つにしぼりきれない場合は、自信がなくても、どれか 1 つを必ずマークしておきましょう。絶対に違うと思う画像を除外していき、できるだけ正解する確率を高めてから、マークするものを決断します。

❺いさぎよく頭を切り替えることも大事！

迷っているうちに、解答時間が終わってしまったら、今取り組んでいる問題はいさぎよくパスしましょう。**気持ちを切り替え**、次の問題に意識を集中させることが大切です。ただし、パスしてしまった問題についても、どれか 1 つをマークするのを忘れないように！

注意

・解答には p. 213 のマークシートをご利用ください。
・正解と解説は別冊の pp. 4 ～ 7 に掲載。

次のページから、実戦問題のスタートです！

L PART 1
L PART 2
L PART 3
L PART 4
R PART 1
R PART 2
R PART 3

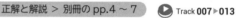

LISTENING

This is the Listening test. There are four parts to this test.

LISTENING PART 1

Directions: You will see a set of four pictures in your test book, and you will hear one short phrase or sentence. Look at the set of pictures. Choose the picture that the phrase or sentence best describes. Then mark the letter (A), (B), (C), or (D) on your answer sheet.

Look at the sample pictures below and listen to the phrase.

Example

You will hear: A man wearing headphones.

(A)

(B)
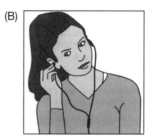

(C)

(D)
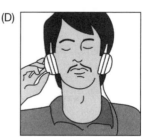

The best answer is (D), so you should mark the letter (D) on your answer sheet.

1. (A)  (B)

(C)  (D)

2. (A)  (B)

(C)  (D)

GO ON TO THE NEXT PAGE ▶

3. (A)  (B)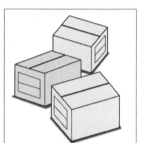

(C)  (D)

4. (A)  (B)

(C)  (D)

5. (A)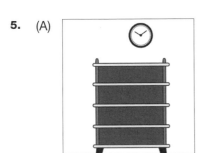

(B)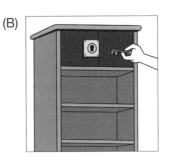

(C)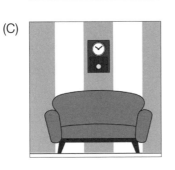

(D)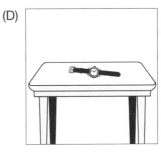

6. (A)

(B)

(C)

(D)

L PART 1

L PART 2

L PART 3

L PART 4

R PART 1

R PART 2

R PART 3

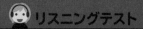 リスニングテスト

PART 2

応答問題
Question-Response

本章では PART 2〈応答問題〉の攻略法を学びます。
問題形式を把握し、解き方を身に付けましょう。
そして、最後は本番同様の「実戦問題」に挑戦です！

DAY **3**

パートの概要

　まず1人の人物による〈問いかけ〉が聞こえてきます。それに対して4つの応答（A）〜（D）が読み上げられるので、最も適切な応答を1つ選択するのがPART2です。最初の質問や発言は音声のみで印刷はされていませんが、4つの選択肢は音声のみではなく、問題用紙に印刷されています。

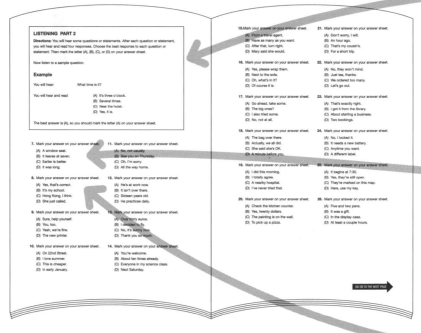

※問題冊子には、まず指示文と例題が掲載。問題の設問文は印刷されておらず、（A）〜（D）の応答文のみが印刷されています。

テスト形式	内容	応答問題
	形式	4択
	問題数	20問
	所要時間	約10分

LISTENING PART 2
Directions. You will hear some questions or statements. After...
(➡全文は p. 44 参照)

❶指示文（Directions）

PART 1 終了後、すぐに PART 2 の指示文が読み上げられます。

Now let us begin PART 2 with question number 7.

❷問題開始の合図

「では、パート2を問題7から始めましょう。」という音声が聞こえてきたら、PART 2 の問題のスタートです。

Number 7.
What time is your flight?
(A) A window seat.
(B) It leaves at seven.
(C) Earlier is better.
(D) It was long.

❸1問目 No.7 スタート

問題番号のあと、すぐに問いかけが読まれ、間髪入れずに4つの選択肢が続きます。選択肢は印刷されているので問題が流れてくる前にしっかりと目を通しましょう。

無音〈8秒〉

❹1問目の解答

解答時間は8秒。正しいと思われる選択肢を1つだけ選び、解答用紙（マークシート）の該当する記号を塗りつぶします。

Number 8....

❺2問目スタート

2問目 No.8 の音声が始まります。

❻2問目の解答

解答時間は8秒。このように「問題→解答時間→問題→解答時間」の流れが、第26問まで繰り返されます。

本番と同様の「指示文」です。PART 2 の問題内容を説明しています。毎回同じ内容なので、ここで確認しておけば、テスト中、読む・聞く時間を節約できます。

 Track **014**

LISTENING PART 2

Directions: You will hear some questions or statements. After each question or statement, you will hear and read four responses. Choose the best response to each question or statement. Then mark the letter (A), (B), (C), or (D) on your answer sheet.

Now listen to a sample question.

Example

You will hear:　　　　　　　　What time is it?

You will hear and read　　　　　(A) It's three o'clock.
　　　　　　　　　　　　　　　(B) Several time.
　　　　　　　　　　　　　　　(C) Near the hotel.
　　　　　　　　　　　　　　　(D) Yes, it is.

The best answer is (A), so you should mark the letter (A) on your answer sheet.

訳

リスニング　パート 2

指示： 質問や発言を聞きます。それぞれの質問や発言の後に、4 つの応答を聞いて読みます。それぞれの質問や発言に最も適切な応答を選んでください。その後、解答用紙の (A)、(B)、(C)、(D) をマークします。

では例題を聞いてください。

例題
聞こえるのは：何時ですか？
聞こえて、しかも読める選択肢は (A) 3 時です。
　　　　　　　　　　　　　　　(B) 数回です。
　　　　　　　　　　　　　　　(C) ホテルの近くです。
　　　　　　　　　　　　　　　(D) はい、そうです。
最も適切な解答は (A) なので、解答用紙の (A) をマークします。

Now let us begin PART 2 with question number 7.
では、PART 2 を問題 7 から始めましょう。
※この 1 文は音声のみで、指示文には記載されていません。

サンプル問題

PART 2 は、最初に聞こえてくる問いかけの形から大きく 5 つの出題パターンに分けられます。ここでは、その代表的なパターンのサンプル問題を用意しました。解答時間も本番同様 8 秒にセットしてあります。これらの問題を解いて、PART 2 の雰囲気をつかんでみましょう。

音声を聞いて、問いかけに対する最も適切な応答を (A) ～ (D) から 1 つ選んでください（p.209 のマークシートをご利用ください）。

▶ Track 015 ▶ 024

1. Mark your answer on your answer sheet.

(A) New furniture.
(B) Yes, she's leaving now.
(C) In Europe.
(D) There's more room here.

2. Mark your answer on your answer sheet.

(A) At the library.
(B) Next week.
(C) English and French.
(D) No, I don't.

3. Mark your answer on your answer sheet.

(A) No, I stayed at home.
(B) I must finish this report by tomorrow.
(C) I held a party last night.
(D) Yes, it's really delicious.

4. Mark your answer on your answer sheet.

(A) No, I called John.
(B) Yes, but he wasn't at home.
(C) I called him John.
(D) He didn't call me.

GO ON TO THE NEXT PAGE

5. Mark your answer on your answer sheet.

    (A) The train was crowded.
    (B) Yes, I should work much harder.
    (C) I went by bus.
    (D) We went to a park.

6. Mark your answer on your answer sheet.

    (A) I like both.
    (B) Yes, it's my favorite.
    (C) Let's play it.
    (D) I bought a basket.

7. Mark your answer on your answer sheet.

    (A) No, I moved to Osaka last month.
    (B) Yes, it is.
    (C) Tokyo is Japan's capital.
    (D) I like Seattle better.

8. Mark your answer on your answer sheet.

    (A) Yes, I'd like to meet you.
    (B) It lasted for two hours.
    (C) No, I had a terrible headache.
    (D) In the office.

9. Mark your answer on your answer sheet.

    (A) I'll be ready.
    (B) Yes, I'd love to.
    (C) All right.
    (D) Thank you.

10. Mark your answer on your answer sheet.

    (A) Sounds like fun.
    (B) I'd be happy to.
    (C) I'll do that.
    (D) Congratulations!

以上の 10 問には、次のような特徴があります。

[No. 1 & 2] ▶ パターン1 **WH 疑問文で始まる問題**

[No. 3 & 4] ▶ パターン2 **Yes/No 疑問文で始まる問題**

[No. 5 & 6] ▶ パターン3 **選択疑問文で始まる問題**

[No. 7 & 8] ▶ パターン4 **付加疑問文で始まる問題**

[No. 9 &10] ▶ パターン5 **疑問文以外で始まる問題**

次のページから、各パターンの
攻略法を学習しましょう！

LISTENING PART 2　パターン1
WH疑問文で始まる問題

　問いかけが WH 疑問文で始まるパターン。PART 2 の 20 問の中 17 〜 19 問は疑問文ですが、WH 疑問文はそのうち 8 〜 12 問ほど出題されます。

サンプル問題 1　　　　　　　　　　　　　　　　　　　　Track **015**

スクリプト

1 Where does your sister live now?

(A) New furniture.

(B) **Yes**, she's leaving now.

(C) In Europe.

(D) There's more room here.

◉攻略のポイント

POINT 1 疑問詞に集中！

WH 疑問文は、who ⇒〈人物〉、where ⇒〈場所〉、when ⇒〈時間〉、how ⇒〈手段、程度など〉のように相手に求める情報がはっきりしています。そのため、冒頭の疑問詞を聞き取らなければ、何を尋ねているのかがわからず、どれが適切な応答なのかもわかりません。**疑問詞を聞き取れるかどうかが勝負の分かれ目なのです。**

Where █████████████████ *?*

上の問題で、仮に疑問詞だけしか聞き取れなかったとしましょう。疑問詞 where が求めるのは〈場所〉についての情報です。場所を答えているのは(C)だけなので、全文が聞き取れなくても正解が見つかる場合があります！

POINT 2 Yes/Noはすぐ除外

WH 疑問文に対し、**Yes/No で答えることは不適切**です。すぐに除外して、正解の確率を高めましょう。

正解と解説　(C)

訳 あなたのお姉さんは今どこに住んでいるのですか？
(A) 新しい家具です。
(B) はい、彼女はちょうど出発するところです。
(C) ヨーロッパです。
(D) ここにはもっと部屋があります。

解説 疑問詞 where は「どこ？」という〈場所〉についての情報を求めています。選択肢のうち場所を答えているのは (C) のみです。(B) は Yes で答えているので、すぐに除外。live と leave の音が似ていてもひっかからないように気を付けましょう。(A) と (D) はともに問いかけに対応しません。

スクリプト

When do you start your **class**?

(A) At the library.

(B) Next week.

(C) **English and French**.

(D) No, I don't.

POINT 3 連想ひっかけに要注意。

問いかけ文の語句を使ったひっかけに要注意です。上の問題で class だけ聞き取れて、他があいまいな場合、「授業内容についての質問かな？」といった間違った連想をしてしまいがち。そうすると、(C) を選んでしまいます。**問いかけ文中の語句に関連しているが、質問には答えていない**——そんなトラップ選択肢が頻出ですので、要注意です。

正解と解説 (B)

訳 授業はいつ始まりますか。

(A) 図書館で。

(B) 来週です。

(C) 英語とフランス語です。

(D) いいえ、私はしません。

解説 when で始まる疑問文で、「いつ？」という具体的な〈時間〉を尋ねているので、選択肢の中で時間について答えているものが正解になるはずです。時間について答えているのは、(B) の「来週」だけなので、これが正解。(A) は「図書館で」ですから〈場所〉を答えています。(C) は「英語とフランス語」という答えですから、時間とは関係ありません。(D) は **No** で始まるので即除外します。

●おさえておきたい疑問詞！

疑問詞のことをよく〈5W1H〉と呼びますが、ここでもう一度内容を整理しておきましょう。

What： 何？

What did you do last weekend? （先週末何をしましたか？）

Who： 誰？ 〈人物〉を尋ねる

Who is absent today? （今日は誰が欠席ですか？）

Where： どこ？ 〈場所〉を尋ねる

Where is the post office? （郵便局はどこにありますか？）

When： いつ？ 〈時〉を尋ねる

When is your birthday? （誕生日はいつですか？）

Why： なぜ？ 〈理由〉を尋ねる

Why were you late for class? （どうして授業に遅刻したのですか？）

※ Why を使った疑問文ですが、Why don't you[we] ～？の形で「～したらどうですか」という
勧誘・忠告を表すことを覚えておきましょう。

Why don't you try today's special? （本日のおすすめ料理を試してみたら？）

How： どれくらい～、どのように？ 〈手段、数量・程度〉を尋ねる

How did you get the ticket? （どうやってチケットを手にいれましたか？）

※ How ＋αの疑問文

〈頻度〉を尋ねる	How often do you water the plant? （どれくらい頻繁にその植物に水をやりますか？）
〈量・金額〉を尋ねる	How much are these apples? （これらのりんごはいくらですか？）
〈数〉を尋ねる	How many pillows are there? （枕はいくつありますか？）

LISTENING PART 2 パターン2
Yes/No疑問文で始まる問題

　問いかけが Yes か No で答えることのできる疑問文となっている問題です。この疑問文の頭に WH 疑問詞はついていません。出だしの動詞や助動詞の種類によって 3 つに分類できます。PART 2 の 20 問中 17 〜 19 問は疑問文ですが、Yes ／ No 疑問文はそのうち 5 〜 8 問ほど出題されます。

● be 動詞
　Are you coming to the party?　(パーティーにおいでになりますか。)
● 一般動詞
　Do you go to school by train?　(学校へは電車で通いますか。)
● 助動詞
　Would you like something to drink?　(何かお飲みになりますか。)

サンプル問題 3　　　　　　　　　　　　　　 Track **017**

スクリプト

Are you coming to the party tonight?

(A) **No**, I stayed at home.

(B) **I must finish this report by tomorrow.**

(C) I held a party last night.

(D) **Yes**, it's really delicious.

●攻略のポイント

POINT 1
YesとNoが意味することは？
応答の Yes と No が具体的に何を意味するのかをまず把握します。左の問題では、Yes =「パーティーに参加する」、No =「パーティーに参加しない」を意味しますね。しかし、本番ではゆっくり考える暇はないので、問いかけが読まれている段階から、イメージしておきます。

POINT 2
自然な流れになっているか
YesとNoが意味することと、後ろのコメントとのつながりをチェック！(A)「No =参加しない」+「私は家にいた」は、時制が矛盾。(C)は held が過去形で、(D)「Yes =参加する」+「それはとてもおいしい」は意味不明です。このように、自然な流れになっていないものは間違いです。

POINT 3
応答はYes/Noとはかぎらない！
Yes ／ No 疑問文という名称に矛盾しますが、応答は必ずしも、Yes ／ No で始まるとは限らない点にも要注意です。

(B)「明日までにこの報告書を仕上げないと」

⬇

Yes ／ No で答えてないが…

「だから、パーティーに参加できない」 ⇒つまり No を間接的に伝えている

正解と解説　(B)

訳 今晩パーティーに参加しますか。
(A) いいえ (参加しません)、家にいました。
(B) 明日までにこの報告書を仕上げないと。
(C) 昨夜パーティを開きました。
(D) ええ (参加します)、とてもおいしいです。

解説 現在進行形の Yes ／ No 疑問文で「今晩、パーティーに参加するかどうか」を尋ねています。(B) は、Yes ／ No で答えていないので、一見誤りに見えますが、「明日までにこの報告書を仕上げないと」という発話には、「だから参加できない、つまり No」の意図が隠されていて自然な応答です。(C) は party という言葉につられて選ばないように注意しましょう。(A)(D) は Yes ／ No と、あとに続くコメントとのつながりがちぐはぐになっています。ちなみに、現在進行形は近い未来の予定を表現できることを覚えておきましょう。

サンプル問題 4 Track **018**

否定疑問文の形で出題されることもあります。その際のポイントも覚えておきましょう。

スクリプト

Didn't you call John last night?

(A) No, I called John.

(B) Yes, but he wasn't at home.

(C) I called him John.

(D) He didn't call me.

POINT 4 **否定疑問文は、ふつうの疑問文に置き換えよう**

否定疑問文は、そのまま和訳せずに、ふつうの疑問文に置き換えて考えるくせをつけましょう。そうすれば、Yes と No が意味することをスムーズに理解できます。（⇒詳細は右ページ参照）。

Didn't you call John last night? ⇒ *Did you call John last night?*

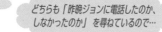
どちらも「昨晩ジョンに電話したのか、しなかったのか」を尋ねているので…

Yes =「電話した」／ No =「電話しなかった」
となります。

正解と解説 (B)

訳 昨晩ジョンに電話しなかったのですか。
(A) いや（電話しませんでした）、私はジョンに電話しました。
(B) ええ（電話しました）、でも留守だったんです。
(C) 私は彼をジョンと呼びました。
(D) 彼は私に電話しませんでした。

解説 質問は結局「昨晩ジョンに電話をしたのか、しなかったのか」ということを聞いています。そう考えれば、Yes は「電話した」、No は「電話しなかった」を意味すると自然に理解できますね。Yes と答えている (B) は「電話した」＋「でもジョンは家にいなかった」という自然な流れになっていて、これが正解です。一方、No と答えている (A) は、「電話しなかった」＋「私はジョンに電話した」という矛盾した流れです。(C) は call+ 人 + 名前で「人を～と呼ぶ」という意味、(D) は問いとは異なる主語 he を用いて答えているためどちらも不適切です。

●否定疑問文を理解するコツ

　否定疑問文で混乱する人が多いと思います。それは、日本語と英語で応答の仕方が異なるためです。

　問）疲れていないんですか？
　答）はい、疲れてませんよ。
　　　　いや、疲れてます。

この日本語でのやりとりは不自然ではないですよね。しかし、これと同じことを英語で表現すると……

　Q)　Aren't you tired?
　A)　**No**, I'm not (tired).
　　　　Yes, I am (tired).

となります。日本語では「はい」と肯定しているのに英語では No となり「いや」と否定しているのに Yes となっています。この違いが混乱の原因です。この混乱を避けるために、否定疑問文をふつうの疑問文にいったん置き換えて考えるのです。
　否定疑問文 Aren't you tired? も、ふつうの疑問文 Are you tired? も、形は違いますが「疲れているのか、いないのか」を尋ねていることは同じなのです。そう考えれば、Yes は「疲れている」、No は「疲れていない」を意味するとスムーズに理解できるはずです。
　あとは、p.53 の〈攻略のポイント〉で説明したように、Yes と No が意味する内容と、あとに続く内容とのつながりを考えて正解を導き出しましょう。

選択疑問文で始まる問題

「A か B か」どちらかの選択を求める疑問文が問いかけとなっているパターンです。PART 2 では、1 問程度出題されます。A or B の A、B が語句の場合と節（主語と動詞を含む文の形）の場合があります。

● A、B が語句の場合

Does she speak Japanese or Chinese?

                 A   **B**

（彼女は日本語を話しますか、それとも中国語を話しますか。）

● A、B が語句の場合

Did you call Paul or did he call you?

      A   **B**

（あなたがポールに電話したの、それともポールがあなたに電話したの？）

サンプル問題 5   ▶ Track **019**

スクリプト

Did you go to work by bus or by train?

(A) The train was crowded.

(B) **Yes**, I should work much harder.

(C) I went by bus.

(D) We went to a park.

●攻略のポイント

POINT 1

イントネーションに注目！

選択疑問文の発音は、**or** の前で上昇調、**or** の後ろで下降調で発音されます。左の問題でも by bus で上昇し、by train で下降していますね。この変化を意識していれば、何と何が選択の対象なのかを理解しやすくなります。

選択の対象が3つある場合

Do you speak English（↗）, French（↗）or German（↘）?

POINT 2

Yes/Noという応答は不自然！

A か B かを尋ねているのに、「はい」、「いいえ」で答えるのは不自然ですから、**Yes/No** で始まる選択肢はすぐに除外できます。

正解と解説　(C)

訳　バス通勤でしたか、それとも電車通勤でしたか。
(A) 電車は混んでいました。
(B) はい、もっと一所懸命働かないといけません。
(C) バス通勤でした。
(D) 私たちは公園に行きました。

解説　by bus なのか by train なのかを問う選択疑問文です。by bus を選択している (C) が正解。前置詞 by は「〜で、〜を使って」という手段・方法を表しています。by の後ろの交通手段に冠詞は付きません。(A) には train が含まれているため間違いやすいですが質問に対応していません。crowded は「混雑している」という形容詞。(B) (D) の応答は質問と意味的なつながりが全くなく、不適切です。

サンプル問題 6　　　　　　　　　　　　　　　　　　 Track 020

※選択疑問文の応答にはこんなケースもあるので、注意しましょう。

スクリプト

Do you prefer <u>basketball</u> or <u>baseball</u>?

(A) I like **both**.

(B) Yes, it's my favorite.

(C) Let's play it.

(D) I bought a basket.

POINT 3 両方とも好き！という応答もあり

A or B？と尋ねられているのに、「どっちも！」と答える。こうした応答は、日常生活ではよくありますよね。Part 2 でも、あえてそうした応答が出題されることがあります。選択疑問文なのに、両方選ぶ（あるいは、どちらも選ばない）応答があり得ることを覚えておきましょう。

正解と解説　(A)

訳 バスケットボールと野球、どっちが好きですか。

(A) どちらも好きです。

(B) ええ、それは私のお気に入りですね。

(C) それをしましょう。

(D) かごを買いました。

解説 basketball なのか、baseball なのかを問う選択疑問文です。しかし、正解は、一方を選ぶのではなく、「どちらも好き」と答えている (A) です。このように両方選ぶ、あるいは、どちらも選ばないということは、ふだんの会話ではよくあることです。TOEIC Bridge は自然な会話を出題しているので、このような応答が正解になることがよくあります。(B) と (C) は、どちらも it（それ）が何を指しているのか不明なため、会話が成立しません。(D) はスポーツとは関係のない「かご」についての話をしているので不適切です。

L PART 1

L PART 2

L PART 3

L PART 4

R PART 1

R PART 2

R PART 3

One More Point

選択疑問文に対する Yes/No の応答の例外

　p. 57 で選択疑問文に対する「Yes/No という応答は不自然！」と説明しました。しかし、実は以下のように発言内容自体を否定する場合は応答として成立するのです。絶対に誤りとも言い切れないので注意が必要です。

A: *Did you call Mary in the morning or at night?*
（メリーに電話したのは午前中ですか、それとも夜ですか。）

B: *No, I didn't call her.* ← 選択疑問文に No で応答している！
（いや、（そもそも）僕はメアリーに電話していませんよ。）

LISTENING PART 2 パターン 4

付加疑問文で始まる問題

　事実をそのまま述べる平叙文の後ろに疑問形を付けて、「〜ですね」と相手に同意を求めたり、念を押したりするのが付加疑問文です。PART 2 で問いかけが付加疑問文となっている問題は 1 〜 2 問出題されます。

●〈肯定文＋否定の疑問形〉

　Susan is in New York, isn't she?　（スーザンはニューヨークにいるんですよね。）
　You like golf, don't you?　（ゴルフがお好きですよね。）
　You've been to Japan, haven't you?
　（あなたは日本に行ったことがありますよね。）

●〈否定文＋肯定の疑問形〉

　You don't smoke, do you?　（タバコは吸いませんよね。）
　You can't drive, can you?　（車の運転はできませんよね。）

サンプル問題 7　　　　　　　　　　　　　　　　　　　▶ Track **021**

スクリプト

You live in Tokyo, don't you?

(A) **No**, I moved to Osaka last month.

(B) Yes, it is.

(C) **Tokyo** is Japan's capital.

(D) I like Seattle better.

●攻略のポイント

POINT 1 ふつうの疑問文に置き換える

付加疑問文はそのまま訳すと混乱するケースがあるので、否定疑問文同様、ふつうの疑問文に置き換えて考えましょう（➡詳細は p.55 参照）。

You live in Tokyo, don't you? ⇒ *Do you live in Tokyo?*

> どちらも「あなたは東京に住んでいるのかどうか」を尋ねている

POINT 2 Yes/Noと後半部分のつながりをチェック！

Yes と No が意味する内容と、後ろに続くコメントが自然につながるかを確認します。左の問題では、Yes に続く it が何を指しているか不明です。No は「東京に住んでいない」を意味しています。

POINT 3 音のひっかけに要注意！

本パターンに限らず、問いかけ文中の語句が、間違い選択肢によく登場します。これは、内容を正確に聞き取れない場合、同じ語句（ここでは Tokyo）がくり返された選択肢を選びたくなってしまう心理を利用したトラップです。要注意！

正解と解説　(A)

訳 あなたは東京に住んでいますよね。
(A) いいえ、先月大阪に引越しました。
(B) はい、そうです。
(C) 東京は日本の首都です。
(D) シアトルのほうが好きです。

解説 文の前半が肯定文で、文末に否定の疑問をつけ加えた付加疑問文。「東京に住んでいるのか、いないのか」を尋ねていますから、「No ＝住んでいない」＋「先月大阪に引っ越した」という応答の (A) が正解です。動詞 move は「引越しをする、移住する」という意味。(B) は主語が it で何を指しているか不明です。(C) (D) は質問に答えていないので不適切。capital は通常、政府のある「首都」を表します。Seattle はアメリカのワシントン州西部の港湾都市です。

L PART 1
L PART 2
L PART 3
L PART 4
R PART 1
R PART 2
R PART 3

サンプル問題 8 Track 022

※〈否定文＋肯定の疑問形〉の形のほうが、より混乱しやすいので、確認しておきましょう。

スクリプト

You didn't attend the meeting, did you?

(A) Yes, I'd like to meet you.

(B) It lasted for two hours.

(C) No, I had a terrible headache.

(D) In the office.

POINT 4 〈否定文＋肯定の疑問形〉パターンでも同様
このパターンでもふつうの疑問文に置き換えて考えましょう。そうすれば、応答の Yes と No が何を意味するのかを理解しやすくなります。

You didn't attend the meeting, did you?
⇒ *Did you attend the meeting?*

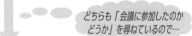
どちらも「会議に参加したのかどうか」を尋ねているので…

Yes ＝「参加した」／ *No* ＝「参加しなかった」

正解と解説 (C)

訳 ミーティングに出席しなかったんですよね。
(A) ええ（出席しました）、あなたにお会いしたいです。
(B) 2 時間続きました。
(C) いや（出席しませんでした）、頭痛がひどかったんです。
(D) 事務所の中で。

解説 ふつうの疑問文 Did you attend the meeting? に置き換えて考えます。(C) は「No ＝出席しなかった」＋「頭痛がひどかった」と答え、後半が出席しなかったことの理由になっていて、自然な流れです。(A) は「Yes ＝出席した」＋「あなたにお会いしたい」という不自然な返答。(B) は時間、(D) は場所について述べていますが、質問の答えになっていません。

◉付加疑問文を理解するコツ

Yes/No の例外

　否定疑問文同様、付加疑問文はそのまま和訳して考えると、応答を選ぶときに戸惑うことがよくあります。次の 2 つのダイアログを見てください。

例 1)

A: Susan is in New York, isn't she?
（スーザンはニューヨークにいるんですよね）

B: No, she isn't.
（いいえ、いませんよ）

例 2)

A: Susan isn't in New York, is she?
（スーザンはニューヨークにいませんよね）

B: No, she isn't.
（はい、いませんよ）

　例 1 ではスーザンがニューヨークにいることを A さんは期待していますから、B さんの No は「**いいえ**」となります。これは、すんなり理解できるでしょう。ところが、例 2 では A さんはスーザンがニューヨークにいないことを期待していて、それに対する B さんの応答 No, she isn't. は、A さんの期待通りにスーザンはニューヨークにいないことを表しています。よって、和訳すると「**はい**、いません」になってしまいます。通常は「いいえ」と訳す No が「はい」と訳されていますね。どちらも同じ No, she isn't にもかかわらず、日本語訳が異なってしまっています。この点が混乱の原因です。

　この混乱を解消するには、Susan is in New York, isn't she? も Susan isn't in New York, is she? も「**ニューヨークにいるのか、いないのか**」を尋ねているわけなので、ふつうの疑問文 Is Susan in New York? と同じだと考えましょう。そうすれば、Yes と答えれば「ニューヨークにいる」、No と答えれば「ニューヨークにいない」を意味しているとスムーズに理解できるはずです。

LISTENING PART 2 パターン5
疑問文以外で始まる問題

　これまでのパターンと大きく異なり、問いかけが疑問文以外の形になっています。PART 2 の全 20 問のうち、1 ～ 3 問がこのパターンです。内容は、自分の意見を述べるものや、事実を伝えるものなどがあります。また、感謝や謝罪などの決まり文句的なやりとりの場合もあります。

●自分の意見を述べるもの

We should take a taxi. （私たちはタクシーで行くべきですよ）

応答例：　**Good idea.** （いい考えですね。）

●相手に事実を伝えるもの

I didn't pass the exam. （試験に合格できませんでした）

応答例：　**I'm sorry to hear that.** （それは残念です。）

●決まり文句的なやりとり

Thank you for your gift. （プレゼントをありがとう。）

応答例：　**You're welcome.** （どういたしまして。）

サンプル問題 9 　　　　　　　　　　　　　　　　　　　　▶ Track **023**

スクリプト

I really like your new hairstyle.

(A) I'll be ready.

(B) Yes, I'd love to.

(C) All right.

(D) Thank you.

●攻略のポイント

L PART 1

L PART 2

L PART 3

L PART 4

R PART 1

R PART 2

R PART 3

POINT 1

発言の意図を見抜く

発言者が何を意図し、**どのような応答を期待して話しているのか**を探ってください。その意識が正解につながります。日本語だと自然に理解できることですが、英語だと字句を正確に訳すことばかりに意識がいって、ほんとうの意図を見逃しがちです。

I really like your new hairstyle.

「髪形が好き」というだけでなく、「素敵ですね」と相手をほめる意図があることを見抜きましょう。

POINT 2

自然な流れを意識する

このパターンは何かを質問しているわけではないので、応答が予想しにくくなっています。正しい応答かどうかを判断する基準は、〈**自然なやりとりかどうか**〉です。この意識を強く持って、選択肢を聞くようにしましょう。

正解と解説　(D)

訳 あなたの新しい髪型、ほんとうに素敵ですね。
 (A) 準備ができます。
 (B) ええ、ぜひそうしたいです。
 (C) わかりました。
 (D) ありがとう。

解説 話し手の発言の意図は〈相手のことをほめる〉です。よって、それに対する応答として自然なものは、感謝の気持ちを伝えている (D) の Thank you. です。(B) の I'd love to. は I'd like to. と似た表現で、ある動作をしたいという意思表明に使われますが、話し手の発言とかみ合っていません。(A) と (C) も応答として不自然です。

サンプル問題 10 Track **024**

スクリプト

Nancy and I won the tennis match.

(A) Sounds like fun.

(B) I'd be happy to.

(C) I'll do that.

(D) **Congratulations!**

POINT 3 **決まり文句をストックしよう！**

短いセリフのやりとりなので、〈お祝いする〉、〈賛成する〉、〈反対する〉
などの意図を、ズバッと伝える**定型表現**がよく登場します。ふだん
から英語のやりとりにたくさん触れて、自分の中に表現をストック
しておきましょう（➡右ページ参照）。

正解と解説 (D)

訳 ナンシーと私はテニスの試合に勝ちました。
(A) 面白そうですね。
(B) 喜んで。
(C) 私がやります。
(D) おめでとう！

解説 話し手の発言の意図は「相手に事実を伝える」です。事実の内容はテニスの試合に勝っ
たというよいことですので、それに最も合う応答を探します。(D) は〈お祝い〉を述べる
ときの決まり文句で、応答として最も適切です。「おめでとう」と言う場合、常に複数形
の s をつけて Congratulations とすることを忘れないようにしましょう。(A) は相手
の話に対して興味を示す決まり文句で、くだけた雰囲気のときに用います。(B) の I'd
be happy to. の「喜んで」は、ここでは意味が通じません。(C) は自分から進んで何か
をやると表明する際の決まり文句ですが、ここの発言への応答としては不適切です。

◉表現のバリエーションを広げよう！

　TOEIC Bridge ではネイティブがふだん話している自然な英語が使われているため、さまざまな表現が出てきます。感謝するときはいつも Thank you. ばかり、それに応えるときはいつも You're welcome. しか使えないという人は、**表現のバリエーションを広げる**必要があります。

　最近の英会話の本には、「感謝を述べる」、「感謝に応える」など、コミュニケーションの働きごとにさまざまな表現をまとめているものがあります。こうした本を参考に、相手に感謝をするという同じ場面においても、自分がいつも使っているのとは違う表現を意図的に使い、表現のバリエーションを広げていきましょう。

感謝を述べる表現

Thanks a lot.　（ほんとうにありがとう）

Many thanks.　（いろいろとありがとう）

I can't thank you enough.　（お礼のしようがありません）

It's very nice of you.　（ご親切にどうも）

感謝に応える表現

You're quite welcome.　（どういたしまして）

Don't mention it.　（お礼にはおよびません）

My pleasure.　（こちらこそ）

Any time.　（いつでもどうぞ）

No problem.　（いいんですよ）

●おさえておきたい応答フレーズ

1 ☐	**Sure.**	いいですよ。/ どうぞ。
2 ☐	**I'm not sure.**	はっきりとはわからないです。
3 ☐	**That's right.**	その通りです。
4 ☐	**I'd be happy to.**	喜んで(〜しますよ)
5 ☐	**That'd be great.**	それはいいですね。
6 ☐	**No, thank you.**	いいえ、結構です。
7 ☐	**I haven't decided it yet.**	まだ決めていません。
8 ☐	**Maybe next time.**	また今度ね。
9 ☐	**If you want to.**	もしあなたがしたいのなら。
10 ☐	**Here you are.**	(物を手渡しながら)これをどうぞ。
11 ☐	**I got it.**	わかりました。
12 ☐	**I hope so.**	そうだといいね。
13 ☐	**Congratulations!**	おめでとう!
14 ☐	**Good for you!**	よかったね!
15 ☐	**You made it!**	やったね!
16 ☐	**I'm glad to hear that.**	それを聞いてうれしいよ。
17 ☐	**Have a good time.**	楽しんできてください。
18 ☐	**Sounds good.**	それ、いいですね。
19 ☐	**Take your time.**	焦らずじっくりね。
20 ☐	**Not yet.**	いえ、まだです。
21 ☐	**I have no idea.**	わかりません。
22 ☐	**Thanks anyway.**	とにかくありがとう。
23 ☐	**That's too bad.**	それは残念です。

実戦問題

　1つでも多くの問題に正解するために、本番の試験で何をすべきで、何をすべきでないのかをまとめました。これまで学習した攻略ポイントに加えて、これらも意識しながら取り組みましょう。

❶指示文は聞く必要はない！

　PART 1 と同様に、指示文の音声は聞く必要ありません（全文とその訳を 44 ページに掲載）。

❷選択肢に目を通す

　選択肢は 3 つではなく 4 つあり、すべて印刷されています。問いかけの語句の音声が流れる前にさっと目を通して確認しておきましょう。ただし、あくまで問いかけの語句の音声が流れる前です。

❸出だしの語句を聞き逃すな！

　問いかけの出だしの語句は選択肢と違って印刷されていませんので、絶対に聞き漏らさないよう集中します。特に本書のパターン 1 の場合は、出だしの WH 疑問詞が聞き取れないと、命取りになります。

❹選択肢は必ず最後まで！

　問いかけの意図を確認し、その意図に即した応答になっているか、各選択肢を吟味しましょう。早とちりせず、必ず 4 つ目の選択肢までしっかりと見て、聞くようにします。

❺次の選択肢に目を通す

　マークし終えたら、2 問目の 4 つの選択肢にさっと目を通します。そして問いかけの語句の出だしの語に全神経を集中です。それでは、次のページに進んで実戦問題に挑戦しましょう！

注意

・できるだけ本番に近づけるため、問題番号が No. 7 からスタートしています。
・解答には p. 213 のマークシートをご利用ください。
・正解と解説は別冊の pp.8 ～ 15 に掲載。

次のページから、実戦問題のスタートです！

正解と解説 > 別冊 pp.8 〜 15　　 Track 026 ▶ 046

LISTENING PART 2

Directions: You will hear some questions or statements. After each question or statement, you will hear and read four responses. Choose the best response to each question or statement. Then mark the letter (A), (B), (C), or (D) on your answer sheet.

Now listen to a sample question.

Example

You will hear:　　　　　What time is it?

You will hear and read　　　(A) It's three o'clock.

(B) Several times.

(C) Near the hotel.

(D) Yes, it is.

The best answer is (A), so you should mark the letter (A) on your answer sheet.

---

7. Mark your answer on your answer sheet.

(A) I don't have one.
(B) At two o'clock.
(C) At the supermarket.
(D) To the train station.

8. Mark your answer on your answer sheet.

(A) I like it, too.
(B) Just a ham sandwich.
(C) At home, I think.
(D) Twenty-five minutes.

9. Mark your answer on your answer sheet.

(A) No, not until Monday.
(B) Yes, she did.
(C) Let's walk back.
(D) New medical supplies.

10. Mark your answer on your answer sheet.

    (A) Sure, it'll be ready.
    (B) I met them yesterday.
    (C) He has a stomachache.
    (D) Within 24 hours.

11. Mark your answer on your answer sheet.

    (A) Because I ride the bus.
    (B) Oh, I'm so sorry.
    (C) A driver's license.
    (D) Tomorrow morning.

12. Mark your answer on your answer sheet.

    (A) Yes, and it works fine.
    (B) Not very often.
    (C) Your new phone number.
    (D) A math test.

13. Mark your answer on your answer sheet.

    (A) Five dollars each.
    (B) I should've joined you.
    (C) Yes, much better.
    (D) Any time except five.

14. Mark your answer on your answer sheet.

    (A) Take Mulberry Street.
    (B) Put up a poster.
    (C) By using butter.
    (D) May 1 at the latest.

15. Mark your answer on your answer sheet.

    (A) In the cafeteria.
    (B) No, thank you.
    (C) I'll ask the chef.
    (D) OK, but only one.

GO ON TO THE NEXT PAGE ▶

16. Mark your answer on your answer sheet.

    (A) Neither of us heard him.
    (B) It was all right.
    (C) Please wear headphones.
    (D) I'd like to soon.

17. Mark your answer on your answer sheet.

    (A) Friends from school.
    (B) In the window display.
    (C) Sometimes I do.
    (D) My blue racket.

18. Mark your answer on your answer sheet.

    (A) They're both right.
    (B) Across the street.
    (C) That's a good idea.
    (D) I had Thai the other day.

19. Mark your answer on your answer sheet.

    (A) I'm looking for some paper.
    (B) From the top shelf.
    (C) Nowhere at all.
    (D) Yes, it looks great.

20. Mark your answer on your answer sheet.

    (A) A few kilometers.
    (B) I missed six classes.
    (C) The rest were there.
    (D) Probably the next one.

21. Mark your answer on your answer sheet.

    (A) With an old camera.
    (B) I can pick you up.
    (C) The one of the mountains.
    (D) We're out of paint.

22. Mark your answer on your answer sheet.

    (A) I totally agree.
    (B) Yes, it's turned on.
    (C) A parking meter.
    (D) Look at the map.

23. Mark your answer on your answer sheet.

    (A) In the front row.
    (B) There's a festival.
    (C) Check the manual.
    (D) We went there directly.

24. Mark your answer on your answer sheet.

    (A) Yes, but next month.
    (B) To rent a boat.
    (C) Surely, all of us would.
    (D) Not unless it stops raining.

25. Mark your answer on your answer sheet.

    (A) It might not be.
    (B) Actually, it was a gift.
    (C) Here's a sample.
    (D) My favorite show.

26. Mark your answer on your answer sheet.

    (A) Usually by noon.
    (B) For some groceries.
    (C) They need more space.
    (D) At the end of the hall.

L PART 1
L PART 2
L PART 3
L PART 4
R PART 1
R PART 2
R PART 3

マーキング方法

TOEIC Bridge はマークシートに解答をしていきます。本書収録の〈模擬テスト〉にもマークシートが付属しているので、本番と同じように解答してほしいのですが、その際、少し気をつけてほしいことがあります。

ていねいにマークしようとするあまり、必要以上に時間がかかっていませんか？

このことを意識してみてください。いやいや、雑にマークしたせいで読み取りミスがおきたらもったいないじゃないか—そう思われるかもしれませんね。その気持ちよくわかります。でも、マークシートの読み取り機械は、とてもよくできていて、よっぽどひどい塗り方でない限り、正確に認識してくれます。"よっぽどひどい"というのは、となりの選択肢まで塗りつぶしたり、逆に、線を引くだけだったり、といった状態のことです。枠から多少はみ出しているくらいは、まったく問題ありません。神経質になりすぎずに、少しでも時間短縮することを優先しましょう。

そのためにも、シャープペンシルよりは、少し先の丸くなった鉛筆のほうが効率的です。あるいは、マークシート専用のシャープペンシルというものもあるので、活用してみるのもよいですね。

そして、もうひとつ。リスニング中は、解答欄に小さな印だけをつけておき、リーディングセクションに入った瞬間、まとめて塗りつぶすというテクニックもあります（1分もかかりません）。こうすれば、リスニングの間は、音声の聞き取りにより集中できるのでよいという人もいます。本書の〈模擬テスト〉で自分にあったマーキング方法を確立してから、TOEIC Bridge 本番に臨んでください。

Part 2					Part 3				
No.	ANSWER				No.	ANSWER			
	A	B	C	D		A	B	C	D
1	Ⓐ	Ⓑ	Ⓒ	Ⓓ	1	Ⓐ	Ⓑ	Ⓒ	Ⓓ
2	Ⓐ	Ⓑ	Ⓒ	Ⓓ	2	Ⓐ	Ⓑ	Ⓒ	Ⓓ

●リスニング中は音声に集中するため、印だけをつける

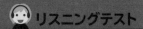

PART 3

会話問題
Conversations

本章では PART 3〈会話問題〉の攻略法を学びます。
問題形式を把握し、解き方を身に付けましょう。
そして、最後は本番同様の「実戦問題」に挑戦です！

DAY 5 ○ パートの概要
 ○ サンプル問題
 ○ パターン別攻略法

DAY 6 ○ 実戦問題（10 問）

LISTENING PART 3　まずは、どんなパートなのかを理解しよう！

パートの概要

　2人の人物による会話（conversations）を、まず聞きます。問題冊子には会話に関する設問と4つの選択肢が印刷されているので、各設問の答えとして最も適切なものを1つ選ぶ問題です。

ページ例　　　　　　　　　　　　　　　　　　　　　　　　　　　　**Sample**

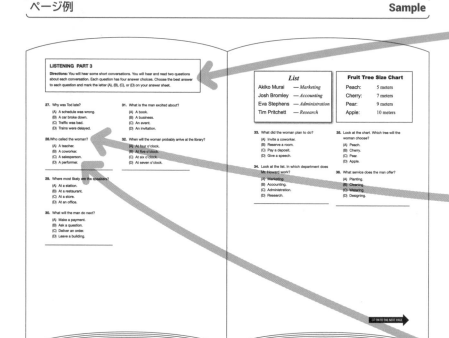

※問題冊子には設問と選択肢のセットが10問分、2ページにわたって印刷。1ページ目に6問、2ページ目に図表を含んだ4問が並んでいます。

テスト形式	内容	会話問題
	形式	4択
	問題数	10問
	所要時間	約5分

Listening PART 3
Directions: You will hear some short conversations. You...
(➡全文は p.78 参照)

❶指示文（Directions）

PART 2 終了後、すぐに PART 3 の指示文が開始。PART 3 は読み上げ時間が短く、すぐに問題が始まるので注意しましょう。

Now let us begin PART 3 with question number 27.

❷問題開始の合図

「では、パート 3 を問題 27 から始めましょう。」という音声が聞こえてきたら、PART 3 の問題のスタートです。

Questions Number 27 and 28 refer to the following...

❸1 問目 No.27 と 2 問目 No.28 の会話が読まれる

問題番号のあと、すぐに短い会話が聞こえてきます。会話の長さは、20 ～ 30 秒程度。

Number 27. ...
無音〈10 秒〉

❹1 問目の解答

解答時間は 10 秒。印刷されている設問に対して、正しいと思う選択肢を 1 つだけ選び、解答用紙（マークシート）の該当する記号を塗りつぶします。

Number 28. ...

❺2 問目の解答

解答時間は 10 秒。印刷されている設問に対して、正しいと思う選択肢を 1 つだけ選び、解答用紙（マークシート）の該当する記号を塗りつぶします。

このように「問題→解答時間→問題→解答時間」の流れが、第 36 問まで繰り返されます。
※ "Look at ～" の設問の解答時間は 15 秒

本番と同様の「指示文」です。PART 3 の問題内容を説明しています。毎回同じ
内容なので、ここで確認しておけば、テスト中、読む・聞く時間を節約できます。

LISTENING PART 3

Directions: You will hear some short conversations. You will hear and read
two questions about each conversation. Each question has four answer
choices. Choose the best answer to each question and mark the letter (A), (B),
(C), or (D) on your answer sheet.

リスニング　パート 3

指示：短い会話をいくつか聞きます。それぞれの会話に関する 2 つの
設問文を聞いて読みます。各設問文には 4 つの選択肢があります。各
設問文に最も適切な解答を選び、解答用紙の (A)、(B)、(C)、または (D)
をマークしてください。

Now let us begin PART 3 with question number 27.
では、PART 3 を第 27 問から始めましょう。
※この 1 文は音声のみで、指示文には記載されていません。

サンプル問題

PART 3 は 2 つの出題パターンに分類できます。各パターンのサンプル問題を用意しました。まずはこれらを解いて、PART 3 の雰囲気をつかんでみてください。

音声を聞いて、各設問への答えとして最も適切なものを (A) 〜 (D) から 1 つ選んでください（p. 209 のマークシートをご利用ください）。　　Track **048** ▶ **051**

Questions 1-2

1. What are the speakers talking about?

(A) A product.
(B) A place.
(C) A tool.
(D) A meeting.

2. What does the woman say about the zoo?

(A) It is far from the hotel.
(B) It is not open now.
(C) The zoo is closed on weekdays.
(D) It will not be crowded.

Questions 3-4

Flower shop	Room 1
School	Room 2
Hospital	Room 3
Gym	Room 4

3. What will be ready for the man next Friday?

(A) A pair of glasses.
(B) A coat.
(C) A smart phone.
(D) A book.

4. Look at the directory. Where will the man probably go next?

(A) Room 1.
(B) Room 2.
(C) Room 3.
(D) Room 4.

LISTENING PART 3 の出題パターン

[No.1 & 2] ▶ **パターン1** **2 人の会話の問題**
[No.3 & 4] ▶ **パターン2** **2 人の会話に図表が付いている問題**

次のページから、各パターンの攻略法を学習しましょう！

2人の会話の問題

　5つの会話のうち3つは、図表がなく2人の会話のみの問題です。話し手は店員と客、友達同士の会話などさまざま。まずは設問文を読んでどのような会話になりそうか、できるだけ会話の場面について想像してみましょう。

サンプル問題 1　　　　　　　　　　　　　　　　▶ Track **048 ▶ 049**

1. What are the speakers talking about?

(A) A product.
(B) A place.
(C) A tool.
(D) A meeting.

2. What does the woman say about the zoo?

(A) It is far from the hotel.
(B) It is not open now.
(C) The zoo is closed on weekdays.
(D) It will not be crowded.

スクリプト

Questions 1 and 2 refer to the following conversation.

M: Hi! I'm a guest here at this hotel, and I'm looking for a place where I can have some fun in the area.

W: You could go to the zoo near here and see a lot of animals. There won't be many people there since it's a weekday.

M: Thanks for the information.

●攻略のポイント

L PART 1

L PART 2

L PART 3

L PART 4

R PART 1

R PART 2

R PART 3

POINT 1 **まず設問をチェック!**

会話が放送される前に、設問に目を通します。**事前に質問内容を把握することで、ポイントを絞った聞き取りを可能にします**（➡詳細な手順はp.84参照）。What are the speakers talking about? なら、会話のトピックを聞き取る必要があるとわかります。

POINT 2 **キーワードをチェックして答えを待ち伏せ!**

具体的な内容の聞き取りを求める問題に対しては、**設問中のキーワードをしっかりチェック**。ここでのキーワードは the woman と the zoo（動物園）。設問の主語が「女性」なので、答えのヒントは女性のセリフにあります。さらに、名詞キーワードの the zoo で動物園についての内容を聞き取ればよいことがわかります。設問の先読みで、待ち伏せのポイントをつかみましょう。

正解と解説　1 (B)　　2 (D)

訳　設問 1 と 2 は次の会話に関するものです。

男性：こんにちは！　私はここのホテルの客ですが、この辺りで楽しめる場所を探しています。

女性：この近くの動物園に行けば、たくさんの動物が見られますよ。平日なのでそんなにたくさんの人はいないでしょう。

男性：情報をありがとう。

設問　Q1 話し手は何について話していますか？
(A) 製品
(B) 場所
(C) 道具
(D) 会議

解説　1 つ目の設問は、何についての会話なのかを尋ねています。男性の I'm looking for a place where …「～の場所を探している」から、場所について話していることが分かります。したがって正解は (B) です。

設問　Q2 女性は動物園について何と言っていますか？
(A) ホテルから遠い。
(B) 今は開いていない。
(C) 動物園は平日に閉まっている。
(D) 混まないだろう。

解説　2 つ目の設問は、女性が動物園について何を話しているかについて尋ねています。There won't be many people there …「～で人は多くないだろう」から、混まないだろうと言っていることが分かります。正解は (D) です。

◉先読みをしてみよう！

〈攻略のポイント〉で説明したように、音声を聞く前に設問に目を通すことが、Part 3 攻略のカギです。このテクニックを〈**設問先読み**〉と呼びます。

会話文を聞いた後に、「これから2つの設問に答えてください」と言われても、細かいところは忘れてしまいますので、設問を先に読んで事前に問われる内容を頭に入れておけば、答えと関係のある部分に集中して聞けます。

設問を読んでまるごと覚えるのが理想ですが、なかなか難しい場合も多いです。そこで、**設問中の「疑問詞」「主語」「動詞」に注目**して頭に入れましょう。以下のように、日本語でもかまいません。

例）　**What will Mr. Ito do next?**（伊藤さんは次に何をするつもりですか）
　　「何？」「伊藤さん」「次にする」　⇒　これを3回頭の中で唱える

2問とも先読みができればよいですが、先読みが終わらない場合には各セット1問だけでも行いましょう。また、慣れるまでは選択肢は気にせずに、設問のみを先読みするようにしてください。

●解答の手順

放送	秒数	やるべきこと
Directions（指示文）	約30秒	**設問の先読み** 最初の会話の設問2つ（No.27〜28）。 【重要】このタイミングでは時間的余裕があるので、選択肢にも目を通そう。
Questions 27 and 28 refer to the following conversation.	約5秒	**1問目スタート！** **先読みストップ** 左のイントロが聞こえたら設問の先読みをやめる。
ポーズ（無音）	約1秒	
会話	20〜30秒	**設問を意識しながら聞く** 先読みでチェックしたポイントを頭の片隅に置き、会話を聞く。
ポーズ（無音）	1秒	
No.27の設問	約4秒	すばやく選択肢に目を通し、正解を選ぶ。 【重要】ここで悩みすぎないこと。答えを決め切れない場合でも、すばやく決断しよう。
ポーズ（無音）	10秒	**答えをマーク！**
No.28の設問	約4秒	すばやく選択肢に目を通し、正解を選ぶ。 【重要】ここで悩みすぎないこと。答えを決め切れない場合でも、すばやく決断しよう。
ポーズ（無音）	10秒	**答えをマーク！** 28秒間で、なるべく早く2つの設問に答える。 **次のセットの先読み**

●おさえておきたい設問文

What

What will the man do next? （男性は次に何をしますか？）

What does the woman ask about? （女性は何について尋ねていますか？）

What are the speakers discussing?
（話し手は何について議論していますか？）

What does the woman offer to do?
（女性は何をすること申し出ていますか？）

What will the woman do on Friday? （女性は金曜日に何をしますか？）

What is the man missing? （男性は何をなくしていますか？）

Who

Who will the woman call? （女性は誰に電話しますか？）

Who is the conference most likely for?
（会議はおそらく、誰のためのものですか？）

Where

Where are the speakers? （話し手はどこにいますか？）

Where does this conversation take place?
（この会話はどこで行われていますか？）

Where will the man probably go next?
（男性はおそらく、次に何をしますか？）

Why

Why will the woman go to the office? （なぜ女性は事務所に行くのですか？）

Why does the woman apologize? （なぜ女性は謝るのですか？）

Which

Which is …? （どちらが～ですか？）

Which A is …? （どのAが～ですか？）

How

How much will the man pay for his jacket?
（男性は上着にいくら払いますか？）

L PART 1
L PART 2
L PART 3
L PART 4
R PART 1
R PART 2
R PART 3

2人の会話に図表が付いている問題

　5つの会話のうち後ろの2つは、2人の会話と図表を関連付けて答える問題です。少し複雑になるので情報のつかみ方に慣れておきましょう。

サンプル問題 2　　　　　　　　　　　　　　　　　　　　　▶ Track 050 ▶ 051

directory	Flower shop	Room 1
	School	Room 2
	Hospital	Room 3
	Gym	Room 4

3. What will be ready for the man next Friday?

(A) A pair of glasses.
(B) A coat.
(C) A smart phone.
(D) A book.

4. Look at the directory. Where will the man probably go next?

(A) Room 1.
(B) Room 2.
(C) Room 3.
(D) Room 4.

スクリプト

Questions 3 and 4 refer to the following conversation and directory.

W: Mr. Smith, your new smart phone has been ordered. You can pick it up next Friday.

M: OK, thanks. Excuse me, I'd like to buy some flowers. Is there any flower shop in this building?

W: Yes, it's just down the hall.

●攻略のポイント

POINT 1 **設問と図表をチェック！**

会話が放送される前に、設問と図表に目を通します。（➡設問の先読み
についてはパターン1の攻略ポイント p.81 も参照）
図表問題には Look at … （～を見てください）という指示があり
ます。図表が **schedule（スケジュール）**、**invoice（請求書）**、
receipt（レシート）、**list（一覧表）**、**directory（案内板）**、
sign（掲示） など、どのような情報なのか頭に入れてから問題を聞く
ようにしましょう。

POINT 2 **選択肢に書かれていない**
図表の情報が聞くポイント！

選択肢に並ぶ情報がそのまま会話に出てくることは少ないので、会
話の内容と図表の情報を関連付ける必要があります。**図表の情報の
うち、選択肢にある情報と選択肢にない情報をチェックします。**選
択肢にない情報の中にキーワードがあることが多いので、それをキー
ワードにして本文を聞き、答えを待ち伏せしましょう！

図表の左側の情報は選択肢に無い！

Flower shop   School   Hospital   Gym
がキーワードだ！

正解と解説　3 (C)　　4 (A)

訳　設問3と4は次の会話と案内板に関するものです。

女性：スミスさん、あなたの新しいスマートフォンが注文できました。来週の金曜日にお渡しすることができます。

男性：分かりました、ありがとう。すみません、花を買いたいのですが、このビルに花屋さんはありますか？

女性：はい、廊下のすぐ先です。

花屋	部屋1
学校	部屋2
病院	部屋3
ジム	部屋4

設問　Q3 次の金曜日、男性には何が用意されていますか？
(A) メガネ。
(B) コート。
(C) スマートフォン。
(D) 本。

解説　男性に次の金曜日に用意されているものについて尋ねています。女性の … your new smart phone has been ordered. You can pick it up next Friday.「あなたの新しいスマートフォンが注文できました。来週の金曜日にお渡しすることができます。」から、スマートフォンについて話していることが分かります。pick ～ up は「～を受け取る」です。正解は (C) です。

設問　Q4 案内板を見てください。男性は次にどこに行きますか？
(A) 部屋1。
(B) 部屋2。
(C) 部屋3。
(D) 部屋4。

解説　男性が次にどこに行くかについて尋ねています。男性は I'd like to buy some flowers「花を買いたい」と言い、a flower shop「花屋」を探しています。案内板で花屋は Room 1 なので、正解は (A) です。

●おさえておきたい数量に関する表現

TOEIC Bridge に頻出する金額、頻度、数量に関する表現をまとめました。

金額の表現

☐ $200	**two hundred dollars**	ドル（アメリカの通貨単位）
☐ €25	**twenty five euros**	ユーロ（欧州連合の統一通貨）
☐ £6	**six pounds**	ポンド（イギリスの通貨単位）
☐ free		無料の、無料で

頻度表現

☐ once	1 回	
☐ twice	2 回	
☐ three times	3 回	※ 3 回以上は〈数字＋ times〉で表現
☐ annual	年 1 回の	
☐ monthly	月 1 回（の）	
☐ weekly	週 1 回（の）	
☐ once a year	年 1 回	※ 冠詞 a は「〜につき」という意味
☐ twice a month	月 2 回	
☐ three times a week	週 3 回	

数字を用いない数量表現

☐ a dozen	1 ダース、12 個	
☐ quite a few	かなり多くの数の	
☐ quite a little	かなり多くの量の	
☐ a lot of 〜	たくさんの〜	※〈数〉と〈量〉の両方に用いる
☐ several	いくつかの	
☐ a couple of 〜	2、3 の〜	
☐ plenty of 〜	たくさんの〜	

そのほか

☐ more than A	A よりも多い	※ A は含まない
☐ at least	少なくとも	
☐ at most	多くても	
☐ in total	全体で	

実戦問題

　1 つでも多くの問題に正解するために、本番の試験で何をすべきで、何をすべきでないのかをまとめました。これまで学習した攻略ポイントに加えて、これらも意識しながら取り組みましょう。

❶必ず設問を先読み！

　指示文の内容は毎回同じです。全文とその訳を掲載しているので（➡ p.78 参照）、事前に理解しておけば、本番では読む必要も聞く必要もありません。指示文の読みあげ音声が流れる約 30 秒の間に 27 と 28 の設問に目を通しましょう。

❷設問の疑問詞に特に注目！

　設問の最初にくる疑問詞は特に注意し、what、who、where、when、why、how のいずれのパターンなのかを把握します。

❸必要な情報を待ち伏せしながら聞く

　Questions 27 to 28 refer to …　という問題番号が読み上げられるとすぐに会話が流れるので、音に意識を集中させます。ぼんやりと全体を聞くのではなく、設問で要求されている WH の情報を待ち伏せしながら聞きましょう。

❹図表はサラッと見ておく

　選択肢にある情報と選択肢にない情報をチェックします。選択肢にない情報の中にキーワードがあることが多いので、それをキーワードにして本文を聞き、答えを待ち伏せしましょう！

❺迷っても必ずマーク！

　正しいと思われる選択肢を 1 つだけ選び、ていねいにマークします。万が一、答えを 1 つに絞ることができない場合でも、消去法を用いてどれか 1 つは必ずマークしておきましょう。

注意

・できるだけ本番に近づけるため、問題番号が No. 27 からスタートしています。
・解答には p. 213 のマークシートをご利用ください。
・正解と解説は別冊の pp. 16 〜 25 に掲載。

次のページから、実戦問題のスタートです！

LISTENING PART 3

Directions: You will hear some short conversations. You will hear and read two questions about each conversation. Each question has four answer choices. Choose the best answer to each question and mark the letter (A), (B), (C), or (D) on your answer sheet.

27. Where are the speakers?

- (A) At a restaurant.
- (B) At a station.
- (C) At a theater.
- (D) At a market.

28. What will the man probably do next?

- (A) Sign a form.
- (B) Show a ticket.
- (C) Check a schedule.
- (D) Buy a drink.

29. What does the man tell the woman?

- (A) He is not well.
- (B) He was not on time.
- (C) He was running.
- (D) He took a trip.

30. What does the woman ask the man to do?

- (A) Check in.
- (B) Look away.
- (C) Sit down.
- (D) Stand up.

GO ON TO THE NEXT PAGE▶

31. What will the woman do on Thursday?

    (A) Work at a store.
    (B) Lead a workshop.
    (C) Take some notes.
    (D) Ask for volunteers.

32. What is the man unsure about?

    (A) Where he will go on Saturday.
    (B) What time he finishes work.
    (C) How he will get to a place.
    (D) When he will arrive.

Clearance Sale!

Thursday: 6% off

Friday: 8% off

Saturday: 10% off

Sunday: 12% off

33. What does the man say he found?

    (A) Some speakers.
    (B) Some headphones.
    (C) A television.
    (D) A computer.

34. Look at the poster. When will the man make a purchase?

    (A) On Thursday.
    (B) On Friday.
    (C) On Saturday.
    (D) On Sunday.

Howling Winds: 5:30 P.M

Oliver's Quest: 6:45 P.M.

Space Surfers: 8:00 P.M.

Moonlight River: 8:15 P.M.

35. What does the man ask Marlene about?

    (A) Her favorite movie.

    (B) Her school assignment.

    (C) Her search for a job.

    (D) Her plans for tomorrow.

36. Look at the schedule. What film will the speakers see?

    (A) *Howling Winds*

    (B) *Oliver's Quest*

    (C) *Space Surfers*

    (D) *Moonlight River*

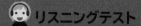

PART 4

説明文問題

Talks

本章では PART 4〈説明文問題〉の攻略法を学びます。
問題形式を把握し、解き方を身に付けましょう。
そして、最後は本番同様の「実戦問題」に挑戦です！

パートの概要

　1 人の人物によるトーク (talks) を、まず聞きます。問題冊子にはトークに関する設問と 4 つの選択肢が印刷されているので、各設問の答えとして最も適切なものを 1 つ選ぶ問題です。

ページ例　　　　　　　　　　　　　　　　　　　　　　　　　　　　**Sample**

LISTENING PART 4

Directions: You will hear some short talks. You will hear and read two questions about each talk. Each question has four answer choices. Choose the best answer to each question and mark the letter (A), (B), (C), or (D) on your answer sheet.

37. Where are the listeners?
(A) On a plane.
(B) On a boat.
(C) On a train.
(D) On a bus.

38. What does the speaker tell the listeners?
(A) Roads are busy.
(B) Snow is expected.
(C) Luggage can fall over.
(D) Some stairs are steep.

39. What does the speaker mention?
(A) A drink spilled.
(B) A table cracked.
(C) A container leaked.
(D) A window broke.

40. Why is the speaker calling?
(A) To request a service.
(B) To explain a decision.
(C) To assign a task.
(D) To ask for advice.

41. Where is the museum?
(A) In front of a gallery.
(B) Across from a hotel.
(C) Next to a tower.
(D) Near a toy store.

42. Why would listeners press 1?
(A) To reserve tickets.
(B) To receive directions.
(C) To leave a message.
(D) To hear about exhibitions.

43. Who are the listeners?
(A) Cafeteria workers.
(B) Music students.
(C) Theater directors.
(D) College teachers.

44. What are listeners encouraged to do?
(A) Review a notice.
(B) Purchase a ticket.
(C) Take a break.
(D) Post a message.

45. What is the purpose of the talk?
(A) To congratulate an employee.
(B) To explain a schedule.
(C) To introduce a speaker.
(D) To present an award.

46. What did Ms. Ramsey do?
(A) She published a book.
(B) She traveled overseas.
(C) She changed her job.
(D) She studied a plant.

47. Look at the list. Who is the speaker calling?
(A) Michael Galasso.
(B) Nina Kallgren.
(C) Norman Turner.
(D) Tina Stowell.

48. What does the speaker ask for?
(A) An address.
(B) A contract.
(C) A schedule.
(D) A catalog.

New Technology Talks

Michael Galasso	Virtual Reality
Nina Kallgren	Cyber Security
Norman Turner	Solar Energy
Tina Stowell	Artificial Intelligence

49. Why does the speaker thank the listeners?
(A) For submitting some ideas.
(B) For working more hours.
(C) For putting away clothes.
(D) For clearing off shelves.

50. Look at the floor plan. Where will the sweaters go?
(A) Section A.
(B) Section B.
(C) Section C.
(D) Section D.

Salazar Fashions

Section A: Teens	Section C: Men	Cashiers
Section B: Kids	Section D: Women	

GO ON TO THE NEXT PAGE ▶

※問題冊子には設問と選択肢のセットが全 7 セット 14 問分、2 ページにわたって印刷されています。1 ページ目に 4 セット 8 問、2 ページ目に図表を含んだ 3 セット 6 問が並んでいます。

Listening Part 4
Directions: You will hear
some short talks. You will
hear and...
(➡全文は p.98 参照)

❶指示文（Directions）

PART 3 終了後、すぐに PART 4 の指示文が開始。
PART 4 は読み上げ時間が短く、すぐに問題が始
まるので注意しましょう。

Now let us begin PART 4
with question number 37.

❷問題開始の合図

「では、パート 4 を問題 37 から始めましょう。」と
いう音声が聞こえてきたら、PART 4 の問題のス
タートです。

Questions Number 37 and
38 refer to the following...

❸ 1 問目 No.37 と 2 問目 No.38 の
会話が読まれる

問題番号のあと、すぐに短いトークが聞こえてき
ます。トークの長さは、20 ～ 30 秒程度。

Number 37. ..
無音〈10秒〉

❹ 1 問目の解答

解答時間は 10 秒。印刷されている設問に対して、
正しいと思う選択肢を 1 つだけ選び、解答用紙
（マークシート）の該当する記号を塗りつぶします。

Number 38. ...

❺ 2 問目の解答

解答時間は 10 秒。印刷されている設問に対して、
正しいと思う選択肢を 1 つだけ選び、解答用紙
（マークシート）の該当する記号を塗りつぶします。

このように「問題→解答時間→問題→解答時間」の
流れが、第 50 問まで繰り返されます。
※ "Look at ～" の設問の解答時間は 15 秒

本番と同様の「指示文」です。Listening Part 4 の問題内容を説明しています。毎回同じ内容なので、ここで確認しておけば、テスト中、読む・聞く時間を節約できます。

 Track **063**

LISTENING PART 4

Directions: You will hear some short talks. You will hear and read two questions about each talk. Each question has four answer choices. Choose the best answer to each question and mark the letter (A), (B), (C), or (D) on your answer sheet.

リスニング　パート 4

指示： 短いトークをいくつか聞きます。それぞれのトークに関する 2 つの設問文を聞いて読みます。各設問文には 4 つの選択肢があります。各設問文に最も適切な解答を選び、解答用紙の (A)、(B)、(C)、または (D) をマークしてください。

Now let us begin PART 4 with question number 37.
では、PART 4 を第 37 問から始めましょう。
※この 1 文は音声のみで、指示文には記載されていません。

サンプル問題

　PART 4 は 2 つの出題パターンに分類できます。各パターンのサンプル問題を用意しました。まずはこれらを解いて、PART 4 の雰囲気をつかんでみてください。

　音声を聞いて、各設問への答えとして最も適切なものを (A) ～ (D) から 1 つ選んでください（p. 209 のマークシートをご利用ください）。

▶ Track 064 ▶067

Questions 1-2

1. Who is the speaker?

(A) A doctor.
(B) A tour guide.
(C) A nurse.
(D) A painter.

2. When will the visitors go shopping?

(A) In the morning.
(B) After lunch.
(C) In the evening.
(D) At night.

Questions 3-4

Socks	$10
T-shirt	$50
Trousers	$70
Coat	$100

3. What is being announced?

(A) A lost item.
(B) A special service.
(C) A membership card.
(D) A new product.

4. Look at the list. What item should customers buy to get a free meal?

(A) Socks.
(B) T-shirt.
(C) Trousers.
(D) Coat.

LISTENING PART 4 の出題パターン

[No. 1&2] ▶ パターン1 1 人のトークの問題
[No. 3&4] ▶ パターン2 1 人のトークに図表が付いている問題

次のページから、
各パターンの攻略法を学習しましょう！

LISTENING PART 4 パターン1
1人のトークの問題

　7つのトークのうち、5つは図表がなく1人のトークのみの問題です。トークのトピックは、アナウンス、電話のメッセージ、ツアーなどの案内、お知らせなどさまざまです。まずは設問文を読んでどんな場面なのかを想像してみましょう。

サンプル問題1 ▶ Track **064** ▶ **065**

1. Who is the speaker?

(A) A doctor.
(B) A tour guide.
(C) A nurse.
(D) A painter.

2. When will the visitors **go shopping**?

(A) In the morning.
(B) After lunch.
(C) In the evening.
(D) At night.

スクリプト

Questions 1 and 2 refer to the following talk.

In the morning we will visit Chicago's Willis Tower. We will have lunch in a restaurant in the tower. Then visit the shopping paradise of the Magnificent Mile. In the evening we will go to the lakeside. Thank you for joining this tour.

●攻略のポイント

POINT 1

設問先読みでWhoをキャッチ！

設問先読みで〈人物を問う設問〉であることを把握しましょう。(➡詳細な手順は p.103 参照)。Who is the speaker? なら、人物を聞き取る必要があるとわかります。

話し手が誰かを推測する際、キーワードやキーフレーズとなるものはどれかを考えましょう。ここでは最後の Thank you for joining this tour. (このツアーに参加していただきありがとうございます) がキーフレーズになります。ここから、このアナウンスがツアー客向けのトークだと推測できます。

POINT 2

キーワードをチェックして答えを待ち伏せ！

具体的な内容の聞き取りを求める問題に対しては、**設問中のキーワードをしっかりチェック**。ここでのキーワードは when (いつ) と go shopping(買い物に行く)。設問の先読みで、答えを待ち伏せましょう。

正解と解説　1 (B)　　2 (B)

訳　問題1と2は次の話に関するものです。

午前中はシカゴのウィリス・タワーを訪れます。タワー内のレストランで昼食を食べ、それから買い物天国マグニフィセント・マイルを訪れます。夕方には湖畔へ行きます。このツアーに参加していただきありがとうございます。

設問　Q1 話し手は誰ですか？
(A) 医者。
(B) ツアーガイド。
(C) 看護士。
(D) 画家。

解説　話し手が誰かについて尋ねています。**Thank you for joining this tour.**（このツアーに参加していただきありがとうございます）から正解は (B) です。**We will visit…**（私たちは〜を訪れる）、**We will have lunch…**（私たちは〜昼食をとる）、**We will go to…**（私たちは〜に行く）、などから、話し手はスケジュールの案内をしていることからも分かります。

設問　Q2 観光客はいつ買い物に行きますか？
(A) 午前。
(B) 昼食後。
(C) 夕方。
(D) 夜。

解説　観光客がいつ買い物に行くかについて尋ねています。本文中には **We will have lunch in a restaurant** …… の後に **visit the shopping paradise of** ……とあることから、「昼食を食べた後に買い物に行く」ことがわかります。したがって正解は (B) です。

●解答の手順

放送	秒数	やるべきこと
Directions（指示文）	約30秒	**設問の先読み** 最初のトークの設問2つ（No.37 ～ 38）。 【重要】このタイミングでは時間的余裕があるので、選択肢にも目を通そう。
Questions 37 and 38 refer to the following conversation.	約5秒	**1問目スタート！** **先読みストップ** 左のイントロが聞こえたら設問の先読みをやめ、トークを聞く。
ポーズ（無音）	約1秒	
トーク	20 ～ 30秒	**設問を意識しながら聞く** 先読みでチェックしたポイントを頭の片隅に置き、トークを聞く。
ポーズ（無音）	1秒	
No.37の設問	約4秒	すばやく選択肢に目を通し、正解を選ぶ。 【重要】ここで悩みすぎないこと。答えを決め切れない場合でも、すばやく決断しよう。
ポーズ（無音）	10秒	**答えをマーク！**
No.38の設問	約4秒	すばやく選択肢に目を通し、正解を選ぶ。 【重要】ここで悩みすぎないこと。答えを決め切れない場合でも、すばやく決断しよう。
ポーズ（無音）	10秒	**答えをマーク！** 28秒間で、なるべく早く2つの設問に答える。 **次のセットの先読み**

L PART 1
L PART 2
L PART 3
L PART 4
R PART 1
R PART 2
R PART 3

◉おさえておきたい職業名 20

　TOEIC Bridge に頻出の職業名をまとめました。右側の正解列を隠しながら、日本語の意味に該当する英語を答えましょう。

№	日本語	英語	№	日本語	英語
1	□ 会計士 a-------	accountant	11	□ 警察官 p------- o-------	police officer
2	□ 銀行の窓口係 b------- t-------	bank teller	12	□ 首相、総理大臣 p------- m-------	prime minister
3	□ 歯医者 d-------	dentist	13	□ 教授 p-------	professor
4	□ 電気技術者 e-------	electrician	14	□ 受付係 r-------	receptionist
5	□ 指導者、教官 i-------	instructor	15	□ 店員 s-------	salesclerk
6	□ 司書、図書館員 l-------	librarian	16	□ 秘書 s-------	secretary
7	□ 機械整備士 m-------	mechanic	17	□ 店長 s------- m-------	store manager
8	□ 画家、塗装工 p-------	painter	18	□ ツアーガイド t------- g-------	tour guide
9	□ 演奏者、演技者、歌手 p-------	performer	19	□ 翻訳家 t-------	translator
10	□ 配管工 p-------	plumber	20	□ 旅行代理店（業者） t------- a-------	travel agency

●日時や数量の聞き取りに慣れよう！

　リスニングの PART 3 と 4 では、会話やアナウンスなどを聞いて、全体像を把握すること以外に、日時や数量などの細かいながらもコミュニケーション上重要な情報の聞き取りができるかどうかも試されます。日時や数量を間違えてしまうと、約束の日時に会うことができなかったり、注文したつもりのない数の商品を仕入れてしまうなどの問題が起きます。日時・数量には特に注意を払って聞くようにしましょう。

ここを鍛える！

複数の日時・数量表現に惑わされない！

　TOEIC Bridge の設問で日時や数量が扱われる場合、会話やアナウンスには、日時・数量表現が複数登場します。例えば

The plane was supposed to reach Sydney International Airport at 7 A.M. but due to the storm, it arrived 40 minutes late.

（飛行機はシドニー国際空港に午前 7 時に到着することになっていたが、嵐のために 40 分遅れて到着した）

　このアナウンスでは、時間に関わる表現が 7A.M. と 40minutes の 2 回でてきます。「到着予定が午前 7 時だったが、実際の到着時間は 40 分遅れたわけだから午前 7 時 40 分だった」というように、聞こえてきた時間を正確に追っていくことが必要です。「飛行機は何時に到着したか」という設問だとすると、選択肢には 7P.M. や 4A.M. や 7:14A.M. などの紛らわしいものが並ぶことがあるので要注意です。日頃から日時・数量を表す英語表現の聞き取りの練習をしておきましょう。

L PART 1

L PART 2

L PART 3

L PART 4

R PART 1

R PART 2

R PART 3

1人のトークに図表が付いている問題

5つのトークのうち後ろの2つは、トークと図表を関連付けて答える問題です。少し複雑になるので情報のつかみ方に慣れておきましょう。

サンプル問題 2 　　　　　　　　　　　　　　▶ Track 066 ▶ 067

price list

Socks	$10
T-shirt	$50
Trousers	$70
Coat	$100

3. What is being announced?

(A) A lost item.
(B) A special service.
(C) A membership card.
(D) A new product.

4. Look at the **price list**. What item should customers buy to get a free meal?

(A) Socks.
(B) T-shirt.
(C) Trousers.
(D) Coat.

スクリプト

Questions 3 and 4 refer to the following announcement and price list.

Welcome to the opening of the Belleville Mall. We have major discounts on all clothing items in our stores. We are also offering a free meal if you spend **over ninety-nine dollars for an item**. Please show your receipt to your waiter when you order.

●攻略のポイント

POINT 1 設問と図表をチェック!

会話が放送される前に、設問と図表に目を通します。(➡設問の先読み
についてはパターン1の攻略ポイント p.101 参照)
図表問題には Look at … (〜を見てください) という指示があり
ます。図表が schedule (スケジュール)、invoice (請求書)、
receipt (レシート)、list (一覧表)、sign (看板)、directory (案
内板) などどのような情報なのか頭に入れてから問題を聞くようにし
ましょう。

POINT 2 選択肢に書かれていない図表の情報が聞くポイント!

選択肢に並ぶ情報がそのままトークに出てくることは少ないので、
トークの内容と図表の情報を関連付ける必要があります。**図表の情
報のうち、選択肢にある情報と選択肢に無い情報をチェックします。**
選択肢にない情報の中にキーワードがあることが多いので、それを
キーワードにして本文を聞き、答えを待ち伏せしましょう!

図表の右側の情報は選択肢に無い!

値段の表現 (数字表現) に注意だ!

over ninety-nine dollars for an item
がキーワードだ!

L PART 1

L PART 2

L PART 3

L PART 4

R PART 1

R PART 2

R PART 3

正解と解説 3 (B)   4 (D)

訳 設問 3 と 4 は次のアナウンスと価格表に関するものです。

ベルヴィル・モールのオープニングにようこそ。すべての店舗で衣料品を大幅値下げしています。さらに、99 ドルよりも多くお買い上げくださった場合には、無料のお食事をご提供します。ご注文の際、ウェイターにレシートをお見せください。

価格表

靴下	$10
T シャツ	$50
ズボン	$70
コート	$100

設問 Q3 何がアナウンスされていますか?
(A) 紛失物。
(B) 特別なサービス。
(C) 会員カード。
(D) 新しい製品。

解説 1 つ目の設問は、何がアナウンスされているかを尋ねています。We are also offering a free meal if you spend over ninety-nine dollars. (99 ドルよりも多くお買い上げくださった場合には、無料のお食事をご提供します)から正解は (B) の「特別なサービス」です。

設問 Q4 一覧表を見てください。どの商品で無料の食事が得られますか?
(A) 靴下。
(B) T シャツ。
(C) ズボン。
(D) コート。

解説 2 つ目の設問は、どの商品を買えば無料の食事が提供されるかを尋ねています。一覧表を見ると 99 ドルより高いのものは $100 のコートなので正解は (D)。

●おさえておきたい設問文の例

What

What is the speaker talking about?　（話し手は何を話していますか？）

What will happen next week?　（次の週は何が起きますか？）

What are the listeners encouraged to do?
（聞き手は何をするように勧められていますか？）

What does the speaker ask the listener to do?
（話し手は聞き手に何をするように頼んでいますか？）

Who

Who is the speaker?　（話し手は誰ですか？）

Who most likely is the man?　（男性はおそらく誰ですか？）

Who is calling?　（誰が電話していますか？）

Who is the speaker calling?　（話し手は誰に電話していますか？）

Where

Where is the speaker?　（話し手はどこにいますか？）

Where will the listener go next?　（聞き手は次にどこに行きますか？）

Where is the speaker most likely talking?
（話し手はおそらく、どこで話をしていますか？）

When

When is ／ was ... ?　（～はいつですか？／～はいつでしたか？）

Which

Which A is... ?　（どのAが～ですか？）

Why

Why is the speaker calling?　（話し手はなぜ電話しているのですか？）

Why does the speaker suggest the listeners do ～ ?
（なぜ話し手は聞き手に～するよう提案していますか？）

How

How long is the tour?　（ツアーはどれくらいの長さですか？）

L PART 1
L PART 2
L PART 3
L PART 4
R PART 1
R PART 2
R PART 3

実戦問題

　1 つでも多くの問題に正解するために、本番の試験で何をすべきで、何をすべきでないのかをまとめました。これまで学習した攻略ポイントに加えて、これらも意識しながら取り組みましょう。

❶必ず設問を先読み！

　指示文の内容は毎回同じです。全文とその訳を掲載しているので（➡ p.98 参照）、事前に理解しておけば、本番では読む必要も聞く必要もありません。指示文の読みあげ音声が流れる約 30 秒の間に 37 と 38 の設問に目を通しましょう。

❷特に設問の疑問詞に注目！

　設問の最初にくる疑問詞は特に注意し、what、who、where、when、why、how のいずれのパターンなのかを把握します。

❸必要な情報を待ち伏せながら聞く

　Questions 37 and 38 refer to… という問題番号が読み上げられるとすぐにトークが流れるので、音に意識を集中させます。ぼんやりと全体を聞くのではなく、設問で要求されている WH の情報を待ち伏せながら聞きましょう。

❹図表はサラッと見ておく

　選択肢にある情報と選択肢にない情報をチェックします。選択肢にない情報の中にキーワードがあることが多いので、それをキーワードにして本文を聞き、答えを待ち伏せましょう！

❺迷っても必ずマーク！

　正しいと思われる選択肢を 1 つだけ選び、ていねいにマークします。万が一、答えを 1 つに絞ることができない場合でも、消去法を用いてどれか 1 つは必ずマークしておきましょう。

注意

・できるだけ本番に近づけるため、問題番号が No. 37 からスタートしています。
・解答には p. 213 のマークシートをご利用ください。
・正解と解説は別冊の pp. 26 ～ 39 に掲載。

次のページから、実戦問題のスタートです！

LISTENING PART 4

Directions: You will hear some short talks. You will hear and read two questions about each talk. Each question has four answer choices. Choose the best answer to each question and mark the letter (A), (B), (C), or (D) on your answer sheet.

37. What will begin soon?

    (A) A tour.
    (B) A video.
    (C) A seminar.
    (D) A contest.

38. What are the listeners told to provide?

    (A) A department name.
    (B) An employee number.
    (C) A security pass.
    (D) An e-mail address.

39. Who is the speaker?

    (A) A news reporter.
    (B) A city official.
    (C) A delivery driver.
    (D) A travel agent.

40. What does the speaker recommend?

    (A) Staying at home.
    (B) Referring to a city map.
    (C) Listening for updates.
    (D) Taking a different route.

GO ON TO THE NEXT PAGE▶

41. Where are the jobs available?

    (A) At a school.
    (B) At a post office.
    (C) At a restaurant.
    (D) At a stadium.

42. What does the speaker think Adam should do?

    (A) Take a class.
    (B) Apply for a job.
    (C) Watch a game.
    (D) Order a meal.

---

43. Where are the listeners?

    (A) In a tower.
    (B) In a church.
    (C) In an elevator.
    (D) In a library.

44. In which direction are the government buildings?

    (A) North.
    (B) East.
    (C) South.
    (D) West.

45. What does the speaker say about the products?

    (A) They feel soft.
    (B) They smell pleasant.
    (C) They are light.
    (D) They are handmade.

46. How is the business celebrating?

    (A) By handing out coupons.
    (B) By staying open longer.
    (C) By giving out samples.
    (D) By decorating with balloons.

Barber Chairs

Model	Price
Mobility Plus	$167
Luxury Five	$195
Deluxe Star	$239
Booster Top	$251

47. According to the speaker, what are the customers pleased about?

    (A) A chair is comfortable.
    (B) A salon is tidy.
    (C) A service is free.
    (D) A barber is talented.

48. Look at the price list. Which model did the speaker buy?

    (A) Mobility Plus.
    (B) Luxury Five.
    (C) Deluxe Star.
    (D) Booster Top.

GO ON TO THE NEXT PAGE

Checklist

☐ Wash dishes
☐ Put away dishes
☐ Clean counters
☐ Mop floors

49. Look at the checklist. What will the listeners do next?

(A) Wash dishes.
(B) Put away dishes.
(C) Clean counters.
(D) Mop floors.

50. Where did the syrup spill?

(A) Next to a dishwasher.
(B) Near a refrigerator.
(C) From a plate.
(D) Onto a shelf.

This is the end of the Listening test. Turn to the Reading test.

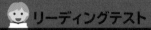リーディングテスト

PART 1

短文穴埋め問題
Sentence Completion

本章では PART 1〈短文穴埋め問題〉の攻略法を学びます。
問題形式を把握し、解き方を身に付けましょう。
そして、最後は本番同様の「実戦問題」に挑戦です！

パートの概要

　このパートから、リーディングテストです。空所を含む短い英文と 4 つの選択肢が提示されるので、空所に入る最も適切な語句を 1 つ選んで、英文を完成させる問題です。

ページ例　　　　　　　　　　　　　　　　　　　　　　　　　　　　　　　　Sample

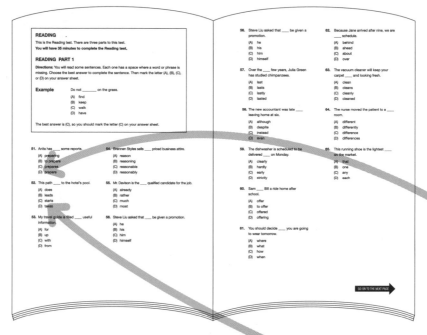

※問題冊子にはまず、指示文と例題が掲載。それ以降に、英文と選択肢のセットが 15 問、各ページに 2 列にわたって印刷されています。

　音声にしたがって解答するリスニングと違い、リーディングテストでは、制限時間 **35 分**の使い方は自分で決めなければいけません。リーディングパートで計 50 問を制限時間 35 分で解く――。ということは、単純計算すると 1 問を 42 秒（35 分× 60 秒÷ 50 問）で解答することになります。ただし、読解問題である READING PART 2 と PART 3 により多くの時間を配分したいので、PART 1 は **1 問を 10 秒前後で解答**するよう心がけましょう。10 秒× 15 問= 150 秒、つまり〈**2 分 30 秒**〉。これが、このパートの目標解答時間です。

L PART 1

L PART 2

L PART 3

L PART 4

R PART 1

R PART 2

R PART 3

❶指示文（Directions）

PART 4 が終わると、リスニングテストの終了を告げる音声が流れます。この音声が聞こえたら、すぐにページをめくります。READING PART 1 の最初のページには、まず指示文が掲載されています（➡全文は p. 118 参照）。

This is the end of the Listening test. Turn to the Reading test.

目標 10 秒

❷1 問目 No. 51 に取り組む

問題英文は、平均 10 語の長さ。

❸1 問目 No. 51 の解答をマーク

正しいと思われる選択肢を 1 つだけ選び、解答用紙（マークシート）の該当する記号を塗りつぶします。

❹2 問目 No. 52

❷❸と同様。以降、15 問目の No. 65 までこの手順をくり返します。

目標 10 秒

本番と同様の「指示文」です。READING PART 1 の問題内容を説明していま
す。毎回同じ内容なので、ここで確認しておけば、テスト中、読む時間を節約で
きます。

READING

This is the Reading test. There are three parts to this test.
You will have 35 minutes to complete the Reading test.

READING PART 1

Directions: You will read some sentences. Each one has a space where
a word or phrase is missing. Choose the best answer to complete the
sentence. Then mark the letter (A), (B), (C), or (D) on your answer sheet.

Example   Do not _____ on the grass.

          (A) find

          (B) keep

          (C) walk

          (D) have

The best answer is (C), so you should mark the letter (C) on your answer
sheet.

リーディング

　これはリーディングパートです。このテストには 3 つのパートがあります。

　リーディングパートの解答時間は 35 分間です。

リーディング　パート 1

指示：いくつかの文を読みます。それぞれ語または句が抜けている空所が 1 つあります。文を完成させるのに最も適切な解答を選んでください。その後、解答用紙の(A)、(B)、(C)または(D)をマークしてください。

次の例題を読んでください。

　例題）

　芝生の上を＿＿＿＿＿　ないでください。

　(A)　見つける
　(B)　保つ
　(C)　歩く
　(D)　持っている

最も適切な解答は (C) なので、解答用紙の (C) をマークします。

サンプル問題

　各問題の選択肢を見ていくと、READING PART 1 の出題パターンは選択肢の種類によって以下の 3 つに分類できます。①すべて同じ単語に由来していて、ing、ed、ly などの有無で形に違いのある問題（文法問題）、② ing、ed、ly などの有無による形の違いは無く、4 つとも品詞が共通する問題（語彙問題）、③接続詞と前置詞など品詞が混じっている問題。

　ここではいくつかサンプル問題を用意しました。まずは、これらの問題を解いて、READING PART 1 の雰囲気をつかんでみてください。その際、各問 10 秒、トータル 1 分を目安に解くよう心がけてください。

　空所に入るのに、最も適切な語句を (A) ～ (D) から 1 つ選んでください (p. 211 のマークシートをご利用ください)。

1. An old friend of ＿＿＿ visited my office yesterday.

- (A) I
- (B) my
- (C) me
- (D) mine

2. I ＿＿＿ my camera yesterday.

- (A) break
- (B) broke
- (C) am breaking
- (D) have broken

3. Since we do not have enough time, we must make a quick ＿＿＿ .

- (A) decide
- (B) to decide
- (C) decision
- (D) decisive

4. We must hand in this report _____ Wednesday.

- (A) until
- (B) from
- (C) by
- (D) during

5. Yesterday we discussed the very serious _____ .

- (A) back
- (B) matter
- (C) dinner
- (D) glass

6. Sarah often told her children to stop making so much _____ .

- (A) noise
- (B) childhood
- (C) mistakes
- (D) surprise

7. James bought that book _____ his stay in Paris.

- (A) as
- (B) while
- (C) when
- (D) during

L PART 1
L PART 2
L PART 3
L PART 4
R PART 1
R PART 2
R PART 3

READING PART 1 の出題パターン

[No. 1 ～ 3] ▶ パターン1 **文法問題**
[No. 4 ～ 6] ▶ パターン2 **語彙問題**
[No. 7] ▶ パターン3 **前置詞と接続詞**

次のページから、
各パターンの攻略法を学習しましょう！

READING PART 1 パターン 1
文法問題

happy、happily、happier、happiness のように、1 つの単語から派生した語句（形容詞 happy の副詞形、比較級、名詞形）で選択肢が構成された問題。このパターンでは、主に文法的側面を考慮して、正解を導き出します。

サンプル問題 1

An old friend of ＿＿＿ visited my office yesterday.

主語　　　　　　　動詞　　　その他

(A) I

(B) my

(C) me

(D) mine

代名詞 I が変化した形

正解と解説　　(D)

訳 きのう、古い友人が私の事務所を訪ねてきた。
(A) 私（主格）
(B) 私の（所有格）
(C) 私に（目的格）
(D) 私のもの（所有代名詞）

解説 選択肢には代名詞 I が変化した形が並んでいます。そこで、「私が／私の／私に」といった意味が、空所に入るとわかります。その空所は、**An old friend of ＿＿＿** という主語部分の一部です。主語になるのは名詞なので、このフレーズ全体で「私の古い友人」という名詞にします。適切なのは所有代名詞の (D) **mine** です。(B) の **my** を使った **my old friend** は意味は似ていますが、親しさが強調された表現となります。

●攻略のポイント

POINT 1 選択肢の形から文法をチェック！

まず、選択肢を素早く確認。左の問題では、代名詞 I が変化した (A) 主格、(B) 所有格、(C) 目的格、(D) 所有代名詞が並んでいます。このようにある単語から派生した語句が並んでいる場合は、どれを空所に入れても、意味的には同じような文になります。そこで、**文法的側面からアプローチ**をします。

POINT 2 分解して考える

英文には「何が」(主語)、「どうする／どうです」(動詞) という情報が必ず含まれます。この 2 つを基準に、文を〈**主語部分**〉、〈**動詞部分**〉、〈**その他**〉の部分に分解して考えると解答しやすくなります。

POINT 3 空所はどこにある？

分解したら、**空所がどこに含まれるか**を見ていきます。主語は「私」や「友達」など動作の主体となるので、必ず**名詞**です。つまり、主語部分が空所の場合は、選択肢から名詞を選びます。ただし！ 実際はそう単純でなく、複数の語の集まり (フレーズ) が主語となり、そのうちの 1 語が空所だったりします。そうした場合は、フレーズ全体で 1 つの名詞となるような選択肢を選びましょう。

An old friend of ____

↓

これ全体が主語になるには…

An old friend of mine

mine を入れて、「私の古い友人」という名詞の固まりにする

↓

An old friend of mine

L PART 1

L PART 2

L PART 3

L PART 4

R PART 1

R PART 2

R PART 3

サンプル問題 2

※動詞の部分が空所の場合

I ＿＿＿ my camera **yesterday**.

(A) break
(B) broke
(C) am breaking
(D) have broken

正解と解説　(B)

訳 昨日、カメラを壊しました。
　　(A) break（〜を壊す）の原形
　　(B) 〃 の過去形
　　(C) 〃 の現在進行形
　　(D) 〃 の現在完了形

解説 選択肢には動詞 break（〜を壊す）の時の表現に応じた形が並んでいます。なので、〈いつ〉壊すのか、時を表す表現を探します。最後に yesterday（昨日）、つまり過去を表す表現があるので、過去形の (B) が正解とわかります。

●攻略のポイント

POINT 4 **動詞の形を考える**
p.122 と同様に問題文を分解。「どうする／どうです」という動詞部分が空所だった場合は、現在形、過去形、進行形といった**動詞の形**のうち、どれが適切かを考えましょう。左の問題では、主語が I で、動詞が空所。選択肢には、動詞 break の時の表現に応じたさまざまな形が並んでいます。

POINT 5 **「時の表現」を探そう**
時制を判断する問題の場合、その動作を〈いつ行ったのか〉を表す、**時の表現**が必ず含まれます。左の問題は、最後に yesterday（昨日）という過去を表す副詞があるので、動詞も過去形になると判断できます。

その他の例

次のような問題も出題されます。このような場合は、主語が何であるかに注目すれば、答えがわかります。

> 主語 John は三人称単数なので、三単現の s が付いた likes が入る

John ＿＿＿ *tennis.*
(A) *like*　　(B) *likes*　　(C) *to like*　　(D) *liking*

> 主語 camera は「壊される」もの。さらに last week とあるので、受け身の過去形 was broken が入る

The camera ＿＿＿ *by my sister* last week.
(A) *was broken*　　(B) *breaks*　　(C) *is broken*　　(D) *break*

サンプル問題 3

※その他の部分が空所の場合

Since we do not have enough time, we must make
a quick ＿＿＿ .

その他

(A) decide

(B) to decide

(C) decision

(D) decisive

正解と解説 （C）

訳 時間があまりないので、早急に決断しなければいけません。
(A) decide（〜を決定する）の原形
(B) 〃 の to 不定詞
(C) 決断（decide の名詞形）
(D) 決定的な（decide の形容詞形）

解説 選択肢は、decide（〜を決定する）を核とした異形語で構成されています。よって「決定、決定する」などの意味が空所に入ると、見当をつけられます。空所直前を見ると、冠詞a と形容詞 quick（素早い）があるため、空所には名詞が入り、「素早い決定」となることがわかります。選択肢のうち、名詞なのは (C) decision のみ。(D) decisive は形容詞で「決定的な」という意味です。

●攻略のポイント

POINT 6

空所の直前・直後に注目！
主語でも、動詞でもない、そのほかの部分が空所の場合は、**直前・直後の語句**に注意を払いましょう。左の問題だと、直前に形容詞の quick（素早い）があります。形容詞は名詞を修飾するので、空所には名詞が入ると判断できます。

その他の例

逆に、decision の直前が空所だった場合は…

I made an ＿＿ decision about my future.
(A) *import*　(B) *importantly*　(C) *importance*　(D) *important*

直前に冠詞 an、（重要な決断）直後に名詞
decision があるので…には形容詞が入る！

an important decision
（重要な決断）

※さまざまな問題が出題されるため、これまでの法則にはあてはまらない問題も出てきますが、その場合でも、主語と動詞を基準に文を分解するという方法は意味や構造を理解する上で、非常に有効です。ぜひ活用してみてください。

L PART 1

L PART 2

L PART 3

L PART 4

R PART 1

R PART 2

R PART 3

語彙問題

接続詞 so、and、but、or のように、選択肢がすべて同じ品詞になっている問題。品詞が共通しているので、文法ではなく、文脈から正解を導き出します。

サンプル問題 4

We must hand in this report ＿＿＿ **Wednesday.**

(A) until

(B) from

(C) by

(D) during

⬇

すべて前置詞

正解と解説　(C)

訳　水曜日までにこの報告書を提出しなければなりません。

(A) ～までずっと

(B) ～から

(C) ～までに

(D) ～の間に

解説　選択肢はすべて前置詞です。空所以前は「この報告書を提出しなければならない」、空所以後は「水曜日」という意味。この 2 つを自然につなげるには、「水曜日に」や「水曜日までに」といった期日、期限を表す語が空所に入ると考えられます。前置詞 by は「～までに」という期限を表すので、(C) が正解。(A) until は「～までずっと」という継続を、(D) during は「～の間に」という期間を表します。混同しやすいのでしっかり整理しておきましょう。

●攻略のポイント

パターンをチェック！
まず、選択肢を素早く確認。品詞が揃っていたら、文法ではなく「文脈」、つまり**文全体の意味の流れから答えを探っていきましょう。**

POINT 2
自然な意味になるものを選ぶ
品詞が同じ、ということは、どれを空所に入れても、文法的には問題ないはず。そこで、**意味的に最もピッタリくるものを正解に選び**ます。ひとつずつ、空所に入れて検討しましょう。

空所に各選択肢を入れてみると…

(A) 水曜日までずっと
(B) 水曜日から
(C) 水曜日までに
(D) 水曜日の間

私たちはこの報告書を提出しなければなりません。

「提出しなければなりません」と意味がスムーズにつながるのは、期限を表す (C) の「水曜日までに」だけです。

サンプル問題 5

※目的語が空所の場合

Yesterday we **discussed** the very serious _____.

他動詞 ━━━▶ 目的語

(A) back
(B) matter
(C) dinner
(D) glass

正解と解説　(B)

訳 昨日、私たちは非常に重要なことについて議論しました。
(A) 背中
(B) 事柄
(C) 夕食
(D) グラス

解説 選択肢はすべて名詞。目的語 the very serious _____ (非常に重要な〜)と、他動詞 **discuss**(〜を話し合う)とのコロケーションを考えた場合、(A)、(C)、(D) ではしっくりきません。(B) の場合は「非常に重要な事柄」となり、discuss と意味が自然につながるので (B) が正解です。

◉攻略のポイント

POINT 3 コロケーションをチェック！

英語の動詞には〈他動詞〉と〈自動詞〉があります。他動詞というのは、必ず目的語の助けが必要で、単独では利用できない動詞のこと。語彙問題パターンではこの他動詞の目的語が空所になっている問題がでてきます。その場合は、**他動詞と目的語の意味的つながり（コロケーション）が最も自然になるもの**を選びます。左の問題であれば、discuss（〜を議論する）に自然につながるものを選択肢の中から探します。

POINT 4 目的語は1語とは限らない！

ただし！　目的語が1語とは限りません。the very serious-------というように、フレーズ全体が目的語となり、そのうちの1語が空所になっている場合もあります。**フレーズ全体で適切な目的語になるもの**を選びましょう。

the very serious _____

これを目的語にするには…

the very serious matter

※目的語ではなく、Yesterday we _____ the very serious matter. のように他動詞のほうが空所になっている問題もあります。この場合も同様に目的語とコロケーションが最も自然となる選択肢を選びます。

One More Point

他動詞についての補足

他動詞は「目的語を必要とする」と説明しました。例えば、We must discuss the matter.（その件について話し合いが必要です）と言うことはできますが、We must discuss. とは言えません。

一方、自動詞とは、目的語なしで単独で利用できる動詞のことです。自動詞には talk などがあります。We must talk about the matter.（私たちはその件について話す必要があります）とも言えますし、We must talk.（私たちは話す必要があります）とも言うことができます。

サンプル問題 6

Susan often told her children to stop making so much ＿＿＿.

(A) noise

(B) childhood

(C) mistakes

(D) surprise

正解と解説　(A)

訳 スーザンは子供たちにそんなに騒がないようにしなさいとよく言っていました。
(A) 騒音
(B) 子供時代
(C) 間違い
(D) 驚き

解説 選択肢はすべて名詞です。文の前半よりスーザンが子供たちに何かをやめるように命じていることが読み取れます。その〈何か〉を表しているのが最後の making so much ＿＿＿ の部分。動詞 make との結び付きだけを考えると、make noise（騒ぎ立てる）となる (A) と、make mistakes（間違いを犯す）となる (C) はよさそうです。しかし、mistake は数えられる名詞なので、so much mistake とは言えません。so many mistakes となるべきです。一方、noise は数えられない名詞なので、much の修飾を受けることができ、(A) が正解となります。

●攻略のポイント

L PART 1

L PART 2

L PART 3

L PART 4

R PART 1

R PART 2

R PART 3

> **POINT 5**
>
> **最後は文法が必要な場合も**
> 語彙問題パターンは、「文脈から答えを探る」と説明しました。しかし、実は、それだけでは答えをしぼり切れない高度な問題が出題されることもあります。左の問題、文全体の意味を考えると (A) noise と (C) mistakes のどちらでもよさそうです。そんなときは、**文法要素も考慮して**、最終判断します。

... stop making so much noise. （大騒ぎするのをやめる）
... stop making so much mistakes. （多くの間違いを犯すのをやめる）

どちらも問題なさそうだが…

much に注目！

much は数えられない
名詞を修飾するので…

数えられる名詞の *mistake(s)* は空所に入らない！

READING PART 1 パターン 3
前置詞と接続詞

　文法問題と語彙問題のどちらか一方のパターンには収まらず、むしろ両方が関わる問題。問題 4 つの選択肢の中に、前置詞と接続詞が混ざって出題されます。下の as, while, when, during のような場合、まずそれぞれの語を語彙として知らなければ解けません。また、前置詞と接続詞どちらの働きをするかを理解していないと正解を導くことができませんので、文法の知識も必要となります。

サンプル問題 7

James bought that book _____ his stay in Paris.

名詞句

(A) as

(B) while

(C) when

(D) during

正解と解説　(D)

訳　ジェームスはパリに滞在中、その本を買った。
　(A) 〜として
　(B) 〜している間
　(C) 〜するとき
　(D) 〜の間に

解説　選択肢は前置詞と接続詞です。名詞句 **his stay in Paris** が続くので、空所には前置詞が入ります。空所の後ろの名詞句「パリでの彼の滞在」と前の「その本を買った」という文意に合う前置詞は (D) **during**「〜の間に」です。(A) **as** は前置詞の働きもしますが、意味が通りません。(B) と (C) は接続詞です。接続詞の後には〈主語 + 動詞〉の形が続きますが、空所の後ろには主語も動詞もないので不適切です。

●攻略のポイント

> **POINT 6**
>
> **まずは文構造に着目**
> 選択肢に前置詞と接続詞の両方が混在している場合は、**まず空所の後ろの文構造に着目しましょう**。そして前置詞と接続詞のどちらが入るのかを見分けます。その後は文脈を把握しその文脈にあった選択肢を選びましょう。

もし his stay が ＜主語＋動詞＞ の he stayed だったら

during his stay in Paris

名詞句

while he stayed in Paris

主語 ＋ 動詞

また、以下のように、空所が冒頭にくる場合もあります。

During his stay in Paris, James bought that book.

※前置詞と接続詞の他に、選択肢には副詞や形容詞なども混じる事があります。さまざまな問題が出題されるため、これまでの法則にはあてはまらない問題も出てきますが、その場合でも、主語と動詞を基準に文を分解するという方法は意味や構造を理解する上で、非常に有効です。ぜひ活用してみてください。

実戦問題

　1つでも多くの問題に正解するために、本番の試験で何をすべきで、何をすべきでないのかをまとめました。これまで学習した攻略ポイントに加えて、これらも意識しながら取り組みましょう。

❶指示文は読まない！

　リスニングテスト同様、指示文は本書で事前に確認しておきましょう（➡ p.118 参照）。リスニングテスト終了を伝える音声が流れたら、ただちに No. 51 に取り掛かります。

❷選択肢からパターンを特定する

　問題を解く際には、まず選択肢に目を通し、本書で解説している〈文法問題〉〈語彙問題〉パターンのどちらなのかを確認します。文法問題であれば〈文法〉アプローチ、語彙問題であれば〈文脈〉アプローチです。

❸制限時間2分30秒！

　117 ページで説明したように、1 問 10 秒を目標に高速処理で 15 問をこなしていきましょう。リーディングテストの時間配分は受験者次第です。スピードを意識することが非常に大切です。

❹わからない問題は後回し

　わからない問題にいつまでもこだわっているのは時間の無駄です。10 秒たっても解けない場合は、次に進み、やさしい問題から先にとり組んでいきましょう。パスした問題は、PART 3 すべての問題を終えてから、再挑戦し、それでもわからなければ消去法です。どれか 1 つを必ずマークしておきましょう。

注意

・本番同様、問題番号が No. 51 からスタートしています。
・解答には p.213 のマークシートをご利用ください。
・正解と解説は別冊の pp.40 ～ 45 に掲載。

次のページから、実戦問題のスタートです！

READING

This is the Reading test. There are three parts to this test.
You will have 35 minutes to complete the Reading test.

READING PART 1

Directions: You will read some sentences. Each one has a space where a word or phrase is missing. Choose the best answer to complete the sentence. Then mark the letter (A), (B), (C), or (D) on your answer sheet.

Example　　Do not _____ on the grass.

(A) find

(B) keep

(C) walk

(D) have

The best answer is (C), so you should mark the letter (C) on your answer sheet.

---

51. The sports center is _____ on holidays.

(A) closer

(B) closed

(C) closely

(D) closest

52. _____ Angie was asleep, the doorbell rang.

(A) Until

(B) Because

(C) While

(D) Unless

GO ON TO THE NEXT PAGE

53. More emergency _____ will be delivered tomorrow.

  (A) supplies
  (B) supplied
  (B) suppliers
  (B) supply

54. Ms. Griffin fixed the copier _____ yesterday.

  (A) hers
  (B) her own
  (C) herself
  (D) her

55. Kenny forgot _____ butter for the cake.

  (A) buying
  (B) to buy
  (C) having bought
  (D) to be bought

56. At Galaxon Electronics, we are _____ updating our range of products.

  (A) continue
  (B) continues
  (C) continual
  (D) continually

57. Helen met _____ Jeff to discuss their history assignment.

  (A) at
  (B) for
  (C) with
  (D) from

58. Channel 9 will be _____ a series of French films.

    (A) showing
    (B) shows
    (C) show
    (D) to show

59. Lucille will study abroad if her parents _____.

    (A) support
    (B) send
    (C) welcome
    (D) approve

60. My interview is next week, _____ I need a tie.

    (A) why
    (B) then
    (C) if
    (D) so

61. Everyone was surprised _____ the plane arrived early.

    (A) but
    (B) during
    (C) that
    (D) about

62. Some of the tax money will go _____ road repairs.

    (A) except
    (B) toward
    (C) among
    (D) within

L PART 1
L PART 2
L PART 3
L PART 4
R PART 1
R PART 2
R PART 3

63. Please fill out this form before _____ your contest entry.

   (A) raising
   (B) handing
   (C) giving
   (D) submitting

64. _____ did you get all your chores done so quickly?

   (A) Who
   (B) How
   (C) What
   (D) Which

65. For the best results, _____ the sauce to cool for one hour.

   (A) allowing
   (B) allowed
   (C) allows
   (D) allow

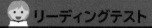

PART 2

長文穴埋め問題
Text Completion

本章では PART 2〈長文穴埋め問題〉の攻略法を学びます。
問題形式を把握し、解き方を身に付けましょう。
そして、最後は本番同様の「実戦問題」に挑戦です！

READING PART 2　まずは、どんなパートなのかを理解しよう！

パート概要

　チャット・手紙・Eメール・お知らせなど、さまざまな種類の英文を読み解く問題です。それぞれ3問の設問が設定されており、4つの選択肢から最も適切なものを1つ選びます。英文の出題数は5題です。

ページ例　　　　　　　　　　　　　　　　　　　　　　　　　　　　Sample

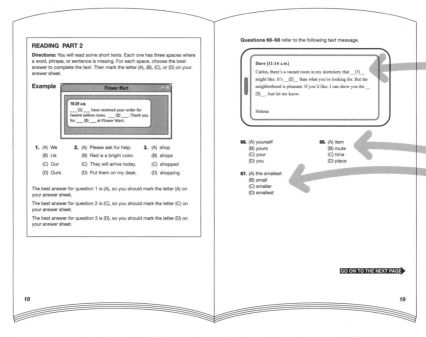

※問題冊子にはまず、指示文と例題が掲載。それ以降に、英文と設問・選択肢のセットが、1ページに1つずつ印刷されています。

リーディングテストの制限時間は35分。そのうち、PART 1を2分30秒で、Part 3を20分で解答するためには、PART 2を12分30秒で解答します。5題の問題英文が出題されるので、1題を2分30秒を目安に解答していけば、時間内に終えられます。ただし、英文の長短や難易度によってある程度時間配分を変更する必要があります。

目標
2分30秒

❶指示文（Directions）

Reading Part 1 同様、最初のページに指示文が掲載されています。

❷最初の問題英文

問題英文の語数はさまざまですが、30〜100語程度のものが出題されます。各英文には、Questions 66-68 refer to the following notice. (設問66-68は次の告知に関するものです) などの〈導入文〉が付きます。

❸1問目 No. 66 に取り組む

選択肢は1〜8語程度の短い英文です。正しいと思われる選択肢を1つだけ選び、解答用紙 (マークシート) の該当する記号を塗りつぶします。

❹2問目 No.67と3問目 No.68に取り組む

手順❸をくり返します。5題の設問中後半の数題に、文挿入問題が各1問含まれています。❷からここまでの手順を2分30秒以内に終えるペースで解答しましょう。

❺次の問題英文に移る

❷と同様です。以降、No. 80まで❷⇒❺の手順をくり返します。

本番と同様の「指示文」です。PART 2 の問題内容を説明しています。毎回同じ内容なので、ここで確認しておけば、テスト中、読む時間を節約できます。

READING PART 2

Directions: You will read some short texts. Each one has three spaces where a word, phrase, or sentence is missing. For each space, choose the best answer to complete the text. Then mark the letter (A), (B), (C), or (D) on your answer sheet.

Example

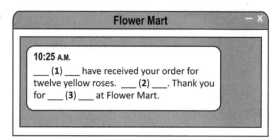

Flower Mart   — X

10:25 A.M.
___ **(1)** ___ have received your order for twelve yellow roses. ___ **(2)** ___. Thank you for ___ **(3)** ___ at Flower Mart.

1. (A) We
    (B) Us
    (C) Our
    (D) Ours

2. (A) Please ask for help.
    (B) Red is a bright color.
    (C) They will arrive today.
    (D) Put them on my desk.

3. (A) shop
    (B) shops
    (C) shopped
    (D) shopping

The best answer for question 1 is (A), so you should mark the letter (A) on your answer sheet.

The best answer for question 2 is (C), so you should mark the letter (C) on your answer sheet.

The best answer for question 3 is (D), so you should mark the letter (D) on your answer sheet.

リーディング　パート2

指示：いくつかの短い文章を読みます。それぞれ語または句、あるいは文が抜けている空所が3つあります。それぞれの空所について、文章を完成させるのに最も適切な解答を選んでください。その後、解答用紙の(A)、(B)、(C)、または(D)をマークしてください。

例題

フラワーマート

午前10時25分

_____(1)_____12本の黄色いバラのご注文を承りました。_____(2)_____フラワーマートで_____(3)_____ありがとうございました。

1. (A)　私たちは
   (B)　私たちを
   (C)　私たちの
   (D)　私たちのもの

2. (A)　手助けをご依頼ください。
   (B)　赤は明るい色です。
   (C)　それらは本日到着します。
   (D)　私の机にそれらを置いてください。

3. (A)　店
   (B)　店（複数）
   (C)　買い物した
   (D)　買い物

設問1に最も適切な解答を(A)なので、解答用紙の(A)をマークします。

設問2に最も適切な解答を(C)なので、解答用紙の(C)をマークします。

設問3に最も適切な解答を(D)なので、解答用紙の(D)をマークします。

サンプル問題

Part 2 の出題パターンは**問題英文の種類**によって大きく 2 つに分類できます。それぞれ 1 題ずつサンプル問題を用意しました。まずは、これらを解いて、Part 2 の雰囲気をつかんでみてください。

Questions 1-3 refer to the following text message.

Dave [11:14 A.M.]

Carlos, there's a vacant room in my dormitory that __(1)__ might like. It's __(2)__ than what you're looking for. But the neighborhood is pleasant. If you'd like, I can show you the __(3)__. Just let me know.

1. (A) yourself
(B) yours
(C) your
(D) you

2. (A) the smallest
(B) small
(C) smaller
(D) smallest

3. (A) item
(B) route
(C) time
(D) place

Questions 4-6 refer to the following e-mail.

To:	David Piper
From:	Alina Quinn
Date:	April 29
Subject:	Delivery

Dear Mr. Piper,

Our supplier has sent us the chairs you ordered. __(4)__. That will be between nine and eleven in the morning. If you do not __(5)__ to be there, please let us know. Then we can arrange __(6)__ time.

Best regards,

Alina Quinn

Moremart Furniture

4. (A) They are very comfortable.
   (B) He apologizes for being late.
   (C) We will deliver them tomorrow.
   (D) All of them are dark brown.

5. (A) wait
   (B) respond
   (C) decide
   (D) plan

6. (A) another
   (B) either
   (C) both
   (D) each

READING PART 2 の出題パターン

[No. 1, 2, 3, 5, 6] ▶ パターン1 語句選択問題
[No. 4] ▶ パターン2 文選択問題

次のページから、
各パターンの攻略法を学習しましょう！

READING PART 2 パターン 1

語句選択問題

　空所以外の語句をヒントにして、文法と語彙の知識に基づいて適切な語や句を選ぶ問題です。空所のある 1 文を読むだけで解答できるものと、空所のある 1 文を含め複数の文を読んで解答するものがあります。

サンプル問題 1-3

Questions 1-3 refer to the following **text message**.

Dave [11:14 A.M.]

Carlos, there's a vacant room in my dormitory that __(1)__ might like. It's __(2)__ than what you're looking for. But the neighborhood is pleasant. If you'd like, I can show you the __(3)__ . Just let me know.

1. (A) yourself
(B) yours
(C) your
(D) you

2. (A) the smallest
(B) small
(C) smaller
(D) smallest

3. (A) item
(B) route
(C) time
(D) place

◉攻略のポイント

L PART 1
L PART 2
L PART 3
L PART 4
R PART 1
R PART 2
R PART 3

文章のタイプを把握
これから取り組む英語の文章の形式を教えてくれるのが〈導入文〉です。the following の直後の語句にサッと目を通しましょう。text message（テキストメッセージ）なら「文字データによる情報通信をしている」、notice（告知）なら「何かを知らせようとしている」、advertisement（広告）なら「何かを宣伝している」というように、事前に、内容をイメージできるので、読解の大きな助けとなります。

POINT 2 空所の前後を確認
空所の前後を確認するだけで解ける問題です。空所にくる言葉が文のどの要素（主語、述語、目的語など）なのか、品詞（動詞、形容詞、名詞）は何かに注意を向けましょう。

in my dormitory that……

名詞 *dormitory* の後に
that がくるということは *that* 節かな……

might は助動詞だからその前は主格がくるな……

POINT 3 空所の前後の文を確認
1文の構造だけから判断するのではなく、前後の文脈から適切な答えを出す問題です。文章全体の内容をしっかり把握してから解きます。設問3問のうち最後に解くようにしましょう。

... there's a vacant room in my dormitory. ...

…… 空室が僕の寮にある……

... the neighborhood is pleasant. ...

…… 近隣は感じがいい

寮の**場所**についての話だ ……

正解と解説　1 (D)　2 (C)　3 (D)

訳 設問 1-3 は次のテキストメッセージに関するものです。

デイブ［午前 11 時 14 分］

カルロス、君が気に入るかもしれない空室が僕の寮にあるんだ。君が探しているよりも狭いんだけど。でも近隣は感じがいいよ。希望があれば、場所を教えるから知らせてね。

設問 Q1

(A) あなた自身
(B) あなたのもの
(C) あなたの
(D) あなたが

解説 選択肢には代名詞が並んでいて、「あなた」に関する問題です。空所の前後を見ると、前は関係代名詞の that、後ろは助動詞の might で、空所には主語がくることがわかり、意味からも (D) you が正解です。(A) yourself は再帰代名詞で be proud of oneself（自分自身のことを誇りに思う）、introduce oneself（自己紹介する）、help oneself to ～（～を自由にとって食べる）などで使われます。(B) yours は所有代名詞で意味から不適切、(C) は所有格ですので主語にはなりません。

設問 Q2

(A) 最も狭い
(B) 狭い
(C) より狭い
(D) 最も狭い

解説 寮の空室の話をしていて、空所の後ろを見ると than があることがわかります。そのため形容詞「狭い」の比較級である (C) が正解です。(A) は the+ 形容詞の最上級。(B) は形容詞の原級、(D) は形容詞の最上級でいずれも後ろに than を続けることができません。

Q3

    (A) 項目
    (B) 道順
    (C) 時間
    (D) 場所

解説 空所の直前直後だけを見ても解けない問題です。直前に冠詞の the があるので空所は名詞だとわかりますが、選択肢はすべて名詞です。第 1 文で「空室が寮にあること」、直前の文で「近隣は感じがよい」と言っていることから「寮の場所」についての話だとわかります。したがって (D) が正解です。

READING PART 2 パターン2

文選択問題

　設問4は、空所の前後の意味を読み取って、文脈に最も合う文を選ぶ問題です。文選択問題は文章の内容を深く理解する必要があります。

サンプル問題 4-6

Questions 4-6 refer to the following **e-mail**.

To:	David Piper
From:	Alina Quinn
Date:	April 29
Subject:	Delivery

Dear Mr. Piper,

Our supplier has sent us the chairs you ordered. __(4)__. That will be between nine and eleven in the morning. If you do not __(5)__ to be there, please let us know. Then we can arrange __(6)__ time.

Thank you.

Alina Quinn
Moremart Furniture

---

4. (A) They are very comfortable.
　　(B) He apologizes for being late.
　　(C) We will deliver them tomorrow.
　　(D) All of them are dark brown.

6. (A) another
　　(B) either
　　(C) both
　　(D) each

5. (A) wait
　　(B) respond
　　(C) decide
　　(D) plan

L PART 1

L PART 2

L PART 3

L PART 4

R PART 1

R PART 2

R PART 3

●攻略のポイント

POINT 1 文章のタイプを把握

パターン1と同様に、まず導入文で問題英文の形式を把握しましょう。一番最初に目を向けるのは、やはり the following の直後の語句です。今回のように e-mail の場合は、**To** 以下の情報から送信者は誰で、**From** 以下の情報から受信者は誰なのか、また、E メールのメッセージの内容については、**Subject** (件名) に目を通すことで、メール本文を読む前から本文内容に関する背景知識を得ることができます。the following の直後が advertisement (広告) であれば、どんな商品・サービスの広告なのかをまずは読み取るべきだとわかりますし、notice (お知らせ) であれば、どんなお知らせを誰に対して、誰が発信しているのかを読み取るべきだろうと考えるように、文章のタイプごとに読み取るべき情報の見当をつけるようにします。

POINT 2 前後の文に注目！

まず、直前の文の意味をしっかりと把握します。そして、直後の文を確認して文の流れがうまく通っているかを考えます。

Our supplier has sent us the chairs you ordered.

(お客様が注文していた椅子が業者から我々に届いた。)

That will be between nine and eleven in the morning.

(午前中の9時から11時の間を予定しています。)

正解と解説　4 (C)　　5 (D)　　6 (A)

訳 設問 4-6 は次の E メールに関するものです。

受信者：デイビッド・パイパー
送信者：アリナ・クイン
日付：4 月 29 日
件名：配送

パイパー様
ご注文いただきました椅子が業者から我々の元に届きました。明日、配達いたします。
午前中の 9 時から 11 時の間を予定しています。もし、ご不在の予定でしたら、お知ら
せください。そうしましたら、別の時間に調整いたします。

よろしくお願いします。

モアマート家具店　アリナ・クイン

設問 Q4
(A) それらはとても快適です。
(B) 彼は遅延について謝罪しています。
(C) 私たちは明日、それを配達します。
(D) それらはすべて焦げ茶色です。

解説 (C) の「明日、配達します」が正解です。第 1 文で「業者からあなたが注文していた椅子
が届いたこと」、空所の後で「午前中の 9 時から 11 時の間を予定しています。」と言っ
ていることから椅子について何かが予定されていると推測できます。ここまでをおさ
え、(A) から順に適切な選択肢を探していきます。(A)、(B)、(D) はそれぞれ空所の後の
文に意味的につながりません。

設問 Q5
(A) 待つ
(B) 返答する
(C) 決定する
(D) 予定する

解説 文の意味に合う動詞を選ぶ問題です。「～の予定だ」という意味の (D) plan が正解です。
(B) の respond は respond to で「～に返答する」という意味で使われますが、to は
前置詞ですから直後には名詞がつながるはずで、動詞 be は直後にきません。(A) は
wait to do「～するのを待つ」、(C) は decide to do「～することを決める」という形
になりますが、ここでは意味が通じません。

設問 Q6

(A) 別の
(B) どちらかの
(C) 両方とも
(D) それぞれの

解説 「別の」、「もう一つの」を表す (A) **another** が正解です。(B) **either**「どちらかの」、(C) **both**「両方とも」、(D) **each**「それぞれの」という意味ですが、すべて事前に複数のものを想定した場合の表現として用いられます。本文中では「9 時から 11 時の間の時間」という 1 つの時間帯しか事前に提案されていないので、「それ以外の別の」時間帯に調整することを述べていると推察できます。

実戦問題

　1 つでも多くの問題に正解するために、本番の試験で何をすべきで、何をすべきでないのかをまとめました。これまで学習した攻略ポイントに加えて、これらも意識しながら取り組みましょう。

❶指示文は読まない！

　指示文が 1 ページにわたって掲載されていますが、これまでのパート同様、全く読む必要はありません。本書で事前に確認しておきましょう（➡ p. 144 参照）。このページはスキップして、ただちに問題に取り組みましょう。

❷「導入文」を必ず読む

　問題英文の前に付いている導入文を必ず読みましょう。導入文は、Questions 66-67 refer to the following notice. などのように、これから取り組む文章のタイプを教えてくれます。文章のタイプを事前に把握しておくことは、問題となる英文を読解する上で重要なヒントとなります。

❸速読を心掛けよう！

　PART 2 は時間のかかるパートです。のんびり解答していると、あっという間に試験終了の時間になってしまいます。〈導入文〉⇒〈問題英文〉⇒〈選択肢〉の手順で効率よく解答を行いましょう。また、1 つの問題英文につき 2 分 30 秒というペースを常に意識して速読を行いましょう。

注意

・本番同様、問題番号が No. 66 からスタートしています。
・解答には p. 213 のマークシートをご利用ください。
・正解と解説は別冊の pp. 46 ～ 55 に掲載。

次のページから、実戦問題のスタートです！

READING PART 2

Directions: You will read some short texts. Each one has three spaces where a word, phrase, or sentence is missing. For each space, choose the best answer to complete the text. Then mark the letter (A), (B), (C), or (D) on your answer sheet.

Example

Flower Mart   — x

10:25 A.M.
___ (1) ___ have received your order for twelve yellow roses. ___ (2) ___. Thank you for ___ (3) ___ at Flower Mart.

1. (A) We
   (B) Us
   (C) Our
   (D) Ours

2. (A) Please ask for help.
   (B) Red is a bright color.
   (C) They will arrive today.
   (D) Put them on my desk.

3. (A) shop
   (B) shops
   (C) shopped
   (D) shopping

The best answer for question 1 is (A), so you should mark the letter (A) on your answer sheet.

The best answer for question 2 is (C), so you should mark the letter (C) on your answer sheet.

The best answer for question 3 is (D), so you should mark the letter (D) on your answer sheet.

GO ON TO THE NEXT PAGE

Questions 66–68 refer to the following note.

Jessica,

There will be a storm today.
It's already raining. So, you
should either wear your raincoat
__(66)__ take an umbrella to
school. The weather might get
even __(67)__ later. In that
case, I'll __(68)__ you up after
your classes.

---

66. (A) but
    (B) and
    (C) nor
    (D) or

67. (A) worsens
    (B) worsen
    (C) worse
    (D) worst

68. (A) pick
    (B) get
    (C) give
    (D) take

Questions 69–71 refer to the following Web page.

www.browervillepark.org/events

Spring Craft Fair

Come and enjoy our Browerville Park fair next weekend! Over eighty artists will be selling a __(69)__ of handmade items.There will also be activities, refreshments, and __(70)__. Entrance is free, and __(71)__ can attend.

69. (A) member
(B) variety
(C) power
(D) nature

70. (A) entertains
(B) entertainer
(C) entertainment
(D) entertaining

71. (A) whenever
(B) everything
(C) sometime
(D) anyone

L PART 1
L PART 2
L PART 3
L PART 4
R PART 1
R PART 2
R PART 3

Questions 72–74 refer to the following advertisement.

Last Chance for Deals!

Leaps Athletics is __(72)__ a huge sale this week. Come and shop for the best sporting goods __(73)__ very low prices.

__(74)__. That's because the sale ends on Sunday. We hope to see you soon!

72. (A) turning
(B) growing
(C) holding
(D) sending

73. (A) at
(B) in
(C) to
(D) by

74. (A) Some exercise regularly.
(B) You had better hurry, though.
(C) Be sure to read the label.
(D) Usually, passengers arrive early.

Questions 75–77 refer to the following letter.

Dear Ms. Robins:

Thank you for subscribing to the Wenham Theater newsletter. __(75)__. We hope you find it __(76)__ interesting and informative. The newsletter is mailed to __(77)__ on the tenth of every month.

Thanks again!

Harry Sinclair

Wenham Theater

75. (A) Jessie Murphy is an actress.
(B) You are allowed to take pictures.
(C) News has spread quickly.
(D) Enclosed is the latest edition.

76. (A) either
(B) about
(C) both
(D) so that

77. (A) subscribes
(B) subscribers
(C) subscriptions
(D) subscribe

Questions 78–80 refer to the following text message.

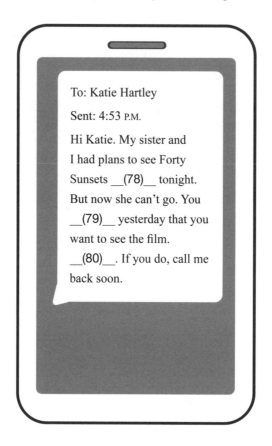

To: Katie Hartley

Sent: 4:53 P.M.

Hi Katie. My sister and I had plans to see Forty Sunsets __(78)__ tonight. But now she can't go. You __(79)__ yesterday that you want to see the film. __(80)__. If you do, call me back soon.

78. (A) generally
    (B) together
    (C) meanwhile
    (D) ourselves

79. (A) said
    (B) spoke
    (C) told
    (D) talked

80. (A) Would you like to join me?
    (B) It begins at seven o'clock.
    (C) I heard everyone liked it.
    (D) Tickets are eight dollars.

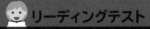リーディングテスト

PART 3

読解問題
Reading Comprehension

本章では PART 3〈読解問題〉の攻略法を学びます。
問題形式を把握し、解き方を身に付けましょう。
そして、最後は本番同様の「実戦問題」に挑戦です！

パート概要

　チャット・手紙・Eメール・広告・ウェブページ・記事・料金表など、さまざまな種類の英文を読み解く問題です。それぞれ2問もしくは3問の設問が設定されており、4つの選択肢から最も適切なものを1つ選びます。英文の出題数は8題です。

ページ例　　　　　　　　　　　　　　　　　　　　　　　　　　　　**Sample**

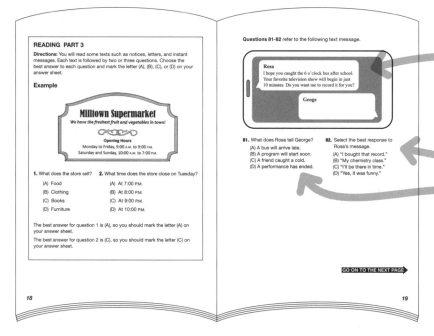

※問題冊子にはまず、指示文と例題が掲載。それ以降に、英文と設問・選択肢のセットが1ページに1つずつ印刷されています。

　リーディングテストの制限時間は35分。そのうち、Part 1で2分30秒、Part 2で12分30秒を配分したので、残りの20分でPart 3を解答します。8題の問題英文が出題されるので、1題を**2分30秒**を目安に解答していけば、時間内に終えられます。

❶指示文（Directions）

Reading Parts 1&2同様、最初のページに指示文が掲載されています。

❷最初の問題英文

問題英文の語数はさまざまですが、30～100語程度のものが出題されます。各英文には、Questions 81-82 refer to the following notice.（設問81-82は次の告知に関する質問です）など〈導入文〉が付きます。

❸1問目No. 81に取り組む

設問は3～10語程度、選択肢は1～5語程度で、ともに短い英文です。正しいと思われる選択肢を1つだけ選び、解答用紙（マークシート）の該当する記号を塗りつぶします。

❹2問目No. 82に取り組む

手順❸をくり返します。設問が3問設定されている場合には、もう1問問題を解きます。❷からここまでの手順を2分30秒以内に終えるペースで解答しましょう。

❺次の問題英文に移る

❷と同様です。以降、No. 100まで❷⇒❺の手順をくり返します。

目標
2分30秒

本番と同様の「指示文」です。READING PART 3 の問題内容を説明しています。毎回同じ内容なので、ここで確認しておけば、テスト中、読む時間を節約できます。

READING PART 3

Directions: You will read some texts such as notices, letters, and instant messages. Each text is followed by two or three questions. Choose the best answer to each question and mark the letter (A), (B), (C), or (D) on your answer sheet.

Example

Milltown Supermarket

We have the freshest fruit and vegetables in town!

Opening Hours
Monday to Friday, 9:00 A.M. to 9:00 P.M.
Saturday and Sunday, 10:00 A.M. to 7:00 P.M.

1. What does the store sell?

   (A) Food

   (B) Clothing

   (C) Books

   (D) Furniture

2. What time does the store close on Tuesday?

   (A) At 7:00 P.M.

   (B) At 8:00 P.M.

   (C) At 9:00 P.M.

   (D) At 10:00 P.M.

The best answer for question 1 is (A), so you should mark the letter (A) on your answer sheet.

The best answer for question 2 is (C), so you should mark the letter (C) on your answer sheet.

リーディング　パート3

指示：お知らせや手紙、そしてインスタントメッセージでのやりとりなどの文書を読みます。それぞれの文書には2つまたは3つの設問が続いています。それぞれの設問に最も適切な解答を選んで、解答用紙の(A)、(B)、(C)または(D)をマークします。

例題）

ミルタウン・スーパーマーケット

当店は町で最も新鮮な果物と野菜をそろえています！

営業時間

月曜日〜金曜日　午前9時から午後9時

土曜日・日曜日　午前10時から午後7時

1. 店は何を販売していますか？
   (A)　食べ物
   (B)　衣料品
   (C)　本
   (D)　家具

2. 火曜日には、店は何時に閉まりますか？
   (A)　午後7時
   (B)　午後8時
   (C)　午後9時
   (D)　午後10時

設問1に最も適切な解答を(A)なので、解答用紙の(A)をマークします。

設問2に最も適切な解答を(C)なので、解答用紙の(C)をマークします。

サンプル問題

　PART 3の出題パターンは問題英文の種類によって大きく３つに分類できます。それぞれサンプル問題を用意しました。まずは、これらを解いて、Part 3の雰囲気をつかんでみてください。

　制限時間15分。文書を読み、各設問について、最も適切な答えを (A) ～ (D) から１つ選んでください（p.211のマークシートをご利用ください）。

Questions 1-2 refer to the following text message.

> **Rosa**
> I hope you caught the 6 o'clock bus after school.
> Your favorite television show will begin in just
> 10 minutes. Do you want me to record it for you?
>
> **George**

1. What does Rosa tell George?

(A) A bus will arrive late.
(B) A program will start soon.
(C) A friend caught a cold.
(D) A performance has ended.

2. Select the best response to Rosa's message.

(A) "I bought that record."
(B) "My chemistry class."
(C) "I'll be there in time."
(D) "Yes, it was funny."

Questions 3-5 refer to the following online chat conversation.

Simon   [4:49 P.M.]

I just watched the Bloomfield Tigers win today's football match against the Dover Sharks! The bad news is my car won't start. I'm in the stadium parking lot.

Patricia [4:50 P.M.]

Shall I pick you up? My apartment is only a ten-minute drive away.

Simon   [4:51 P.M.]

Thanks, but I think it's the battery. I'm sure I can get someone here to recharge it for me. Can we meet a little later, though?

Patricia [4:52 P.M.]

Of course. I'll call the restaurant now and ask them to push back our reservation by an hour.

---

3. Where does Patricia live?

(A) By a restaurant
(B) Beside a park
(C) Above a store
(D) Near a stadium

4. What will Simon probably do?

(A) Check a score
(B) Ask for help
(C) Buy a ticket
(D) Call for a taxi

5. What is suggested about the writers?

(A) They plan to have dinner together.
(B) They are both Dover Sharks fans.
(C) They will replace a battery.
(D) They are on the same team.

Questions 6–7 refer to the following notice.

To: All students taking French 101

From: Dr. Jean Lambert, French department

Writing tasks

I hope you all had a good vacation. I am looking forward to talking with everyone about the essays you wrote during the vacation. I will be in my office on Tuesdays and Thursdays from 10:00 to 12:00 and 2:00 to 4:00. If you want to discuss any other topic, please e-mail me at lambert@frenchdep.edu.

6. What does the professor want to discuss?
(A) Essays
(B) Vacations
(C) Schedules
(D) France

7. When is the professor free?
(A) Mondays at 10:00
(B) Tuesdays at 9:30
(C) Wednesdays at 1:00
(D) Thursdays at 3:30

Questions 8-10 refer to the following e-mail.

To:	<dortega@tmpcontractring.co.ca>
From:	<customerservice@braxtonsupplies.co.ca>
Re:	Order #78034-92
Date:	February 15

Dear Mr. Ortega:

Your forty blocks are ready for pick-up at our Brook Street location. To help our staff quickly identify your purchase, please print out this e-mail with the order number and bring it to the store.

In addition, we want to remind you about our delivery service. We deliver blocks directly to construction sites at the following rates.

• Up to 10 blocks: $18.00
• 10 to 50 blocks: $24.00
• 50 to 100 blocks: $28.00
• 100 to 200 blocks: $30.00

Sincerely,

Anika Chopra
Customer Service
Braxton Supplies

8. Why is the e-mail being sent?

(A) An invoice is incorrect.
(B) An order is ready.
(C) A rate has increased.
(D) A store has moved.

9. What does Ms. Chopra say about her message?

(A) It should be printed.
(B) It was sent twice.
(C) It includes a photo.
(D) It will stay in a folder.

10. How much does the order cost to deliver?

(A) $18.00
(B) $24.00
(C) $28.00
(D) $30.00

Questions 11–12 refer to the following advertisement.

Tazon IT, Inc

Wanted: Talented People

Openings:

- Software development
- Data security
- Network development

Requirements:

- At least 3 years' experience
- Degree or certificate of expertise
- Professional references
- Willingness to travel

Find out more at: www.tazonit.com

---

11. What is being advertised?

- (A) Job openings
- (B) School classes
- (C) A new software
- (D) A training program

12. How can interested people get more information?

- (A) By visiting the Web site
- (B) By contacting a manager
- (C) By going to a university
- (D) By buying some software

Questions 13–14 refer to the following receipt.

Purgo Home and Garden Tools
8924 Meyer Road

Purchase ID: 9074J34RG

Item	Price	Number Bought	Item Total
Plant pots	$5.99	5	$29.95
Hammer	$8.56	2	$17.12
Nails (box)	$6.50	3	$19.50
Drill	$87.79	1	$87.79

Subtotal: $154.36

Tax (6%) $9.26

Total Due: $163.62

Amount Paid: $163.62

Balance: $0.00

13. How many hammers were bought?

(A) One
(B) Two
(C) Three
(D) Five

14. What is NOT in the receipt?

(A) Purchase code
(B) Store location
(C) Delivery fees
(D) Tax rates

READING PART 3 の出題パターン

[No.1, 2、No.3, 4, 5] ▶ パターン1 チャット問題
[No.6, 7、No.8, 9, 10] ▶ パターン2 まとまった文章を読み取らせる問題
[No.11, 12、No.13, 14] ▶ パターン3 変則的な英文や図表を読み取らせる問題

次のページから、
各パターンの攻略法を学習しましょう！

READING PART 3 パターン 1

チャット問題

チャットの文書には、スマートフォンでの text message（テキストメッセージ）、の他、パソコンの画面でやり取りをする online chat conversation（オンラインチャットでの会話）も出題されます。

サンプル問題 1-2

Questions 1-2 refer to the following **text message**.

Rosa
I hope you caught the 6 o'clock bus after school. Your favorite television show will begin in just 10 minutes. Do you want me to record it for you?

George

1. What does Rosa tell George?

   (A) A bus will arrive late.
   (B) A program will start soon.
   (C) A friend caught a cold.
   (D) A performance has ended.

2. Select the best response to Rosa's message.

   (A) "I bought that record."
   (B) "My chemistry class."
   (C) "I'll be there in time."
   (D) "Yes, it was funny."

◉攻略のポイント

L PART 1

 チャットの参加者を必ずチェック！

導入文の the following の直後の語句を見て、文章のタイプを確認した後、チャットのやりとりをしている参加者の人数や、誰のどのメッセージに対して、誰が応答しているのか、というやりとりの流れを正確に把握しておきましょう。同一人物がメッセージを連投する場合もあるので、気をつけましょう。

L PART 2

 チャットの目的を把握！

チャットの目的を把握することが大切です。冒頭からしっかりと読み進め、内容を理解しましょう。内容には**問題の報告**や、**依頼、提案**などが多く登場します。

L PART 3

Your favorite television show will begin ……

（あなたのお気に入りのテレビが始まる……）

L PART 4

これを言い換えた
1.（B）*A program will start soon* が正解。

（番組がもうすぐ始まる。）

R PART 1

 最も適切な返答を選ぶ！

スマートフォンの text message では設問として、最も適切な返答を選ぶ問題が 1 問出題されます。直前の文脈から次の展開を想像して、選択肢を（A）から順に当てはめ、返答として自然なものとなっているか確認していきましょう。

R PART 2

R PART 3

訳 設問 1-2 は次のテキストメッセージに関するものです。

ローザ

学校が終わって 6 時のバスに乗れているといいんだけど。あなたのお気に入りのテレビ番組があと 10 分で始まるよ。録画しておいてほしい？

ジョージ

設問 Q1 ローザはジョージに何を伝えていますか？
(A) バスが遅れて到着する予定だ。
(B) 番組がもうすぐ始まる。
(C) 友達が風邪をひいた。
(D) 上演が終了した。

解説 ローザの第 2 文目で、番組があと 10 分で始まることを伝えているので (B) が正解です。また、本文ではバスについて書かれていますが、乗ったかどうかについて述べているだけで (A)「バスが遅れる」ことについては何も書かれていません。体調については書かれていないため、(C) も不適切。また、番組はまだ始まっていないので (D) も不適切です。

設問 Q2 ローザへの返答として適当なものを選びなさい。
(A) レコードを買ったよ。
(B) 化学の授業だよ。
(C) 時間までに着く予定だよ。
(D) うん、面白かったね。

解説 「時間までにそこに着くだろう」と述べている (C) が正解です。本文では record を動詞「録画する」として使っていますが、(A) の「レコード」という意味では使われていません。授業の科目については話していないので (B) も不適切。また、テレビ番組の感想について返答した (D) もやりとりとして不自然です。

L PART 1

L PART 2

L PART 3

L PART 4

R PART 1

R PART 2

★英語の語順に沿って意味を理解し、読むスピードを アップさせよう！

　英文を読む際、返り読みをせずに、英語の語順のままフレーズ（意味のまとまり）ごとに読み進めていくようにするとスピードが格段にアップします。このようにフレーズ単位で読み進める読み方を〈フレーズ・リーディング〉と呼びます。

フレーズ単位で意味を確認し、読み進めます。

I am writing to let you know that we are having a farewell party for Ms. Mason on Friday, March 22 at 6:30 P.M. at the Starlight restaurant.

　上の英文は1センテンスからなる文です。このような文でも、最後のピリオドまで目を通し、それから前に戻りつつセンテンス全体の意味を考えるのではなく、前から順にフレーズ単位で意味をとっていきます。

I am writing / to let you know / that we are having /
私は書いています　　知らせるため　　　　　私たちは持ちますと

a farewell party / for Ms. Mason / on Friday, / March 22 /
サヨナラパーティを　　メイソンさんのために　金曜日に　　　3月22日に

at 6:30 P.M. / at the Starlight restaurant.
午後6時30分に スターライトレストランで

　このようにフレーズごとの日本語訳は不自然なものになりますが、気にせずに次へ次へと読み進めていきましょう。読み進めるにしたがって、頭の中で日本語が整理され、次第に文全体の意味が明確になってきます。

Questions 3-5 refer to the following online chat conversation.

Simon [4:49 P.M.]
I just watched the Bloomfield Tigers win today's football match against the Dover Sharks! The bad news is <u>my car won't start</u>. I'm in the stadium parking lot. ❶

Patricia [4:50 P.M.]
<u>Shall I pick you up?</u> My apartment is only a ten-minute drive away. ❷

Simon [4:51 P.M.] ❸
Thanks, but I think it's the battery. I'm sure I can get someone here to recharge it for me. Can we meet a little later, though?

Patricia [4:52 P.M.]
Of course. I'll call the restaurant now and ask them to push back our reservation by an hour.

---

3. Where does Patricia live?

   (A) By a restaurant
   (B) Beside a park
   (C) Above a store
   (D) Near a stadium

4. What will Simon probably do?

   (A) Check a score
   (B) Ask for help
   (C) Buy a ticket
   (D) Call for a taxi

5. What is suggested about the writers?

   (A) They plan to have dinner together.
   (B) They are both Dover Sharks fans.
   (C) They will replace a battery.
   (D) They are on the same team.

●攻略のポイント

2往復の2人の対話の流れを追う！
2往復の2人の対話のチャットです。冒頭からしっかり内容を理解しましょう。①問題の報告→②提案→③解決という流れで進むことが多いです。

my car won't start ……（僕の車が動かない……）

①問題の報告

Shall I pick you up?（迎えに行こうか？）

②提案

I'm sure I can get someone here to recharge it for me.

（ここにいる誰かに充電させてもらえると思う。）　③解決

言い換え表現に注意！
選択肢には本文中の表現が直接使われてなく、言い換えた選択肢になっている場合があります。また、具体的な内容をまとめてやや抽象的な表現に言い換えていることもあります。

My apartment is only a ten-minute drive away.

（私のアパートはそこから車でたった10分。）

言い換え

Near a stadium（スタジアムの近く）

I'm sure I can get someone here to recharge it for me.

（ここにいる誰かに充電させてもらえると思う）

抽象的な表現に言い換え

Ask for help（助けを求める）

正解と解説　3 (D)　4 (B)　5 (A)

訳 設問 3-5 は次のオンラインチャットでの会話に関するものです。

サイモン　　午後 4 時 49 分

ちょうど今、ブルームフィールド・タイガースがドーバー・シャークス相手に勝利したサッカーの試合を観たんだ。でも困ったことに車のエンジンがかからないんだ。今スタジアムの駐車場にいる。

パトリシア　　午後 4 時 50 分

迎えに行こうか？ 私のアパートはそこから車でたった 10 分だから。

サイモン　　午後 4 時 51 分

ありがとう、でもバッテリーだと思うんだ。ここにいる誰かに充電させてもらえると思う。少し後で会えるかな？

パトリシア　　午後 4 時 52 分

もちろんよ。レストランに電話して、予約を 1 時間おくらせてもらうよう伝えておくね。

設問 Q3 パトリシアはどこに住んでいますか？
(A) レストランのそば
(B) 公園のそば
(C) 店の上
(D) スタジアムの近く

解説 直前でサイモンが I'm in the stadium parking lot.「今スタジアムの駐車場にいる」と言っているのに対し、パトリシアは My apartment is only a ten-minute drive away.「私のアパートはそこから車でたった 10 分だから。」と返答していることから、パトリシアのアパートがスタジアムに近いことがわかります。したがって (D) が正解です。レストランについて話してはいますが、住んでいる場所についてではないため (A) は不適切です。(B) は parking からのひっかけで選んでしまわないようにしましょう。(C) もどの店を指しているか不明で不適切です。

L PART 1

L PART 2

L PART 3

L PART 4

R PART 1

R PART 2

R PART 3

設問 **Q4** サイモンはおそらく何をしますか？

(A) 得点を確認する

(B) 助けを求める

(C) チケットを買う

(D) タクシーを呼ぶ

解説 サイモンは **I'm sure I can get someone here to recharge it for me.**「ここに いる誰かに充電させてもらえると思う。」と言っていることから、(B) が正解。**ask for help**「助けを求める」という表現はこのままかたまりで覚えておきましょう。(A)(C)(D) はそれぞれ本文で述べられてはいないため不適切です。

設問 **Q5** 書き手たちについて何が示唆されていますか？

(A) 夕食を共にする予定である。

(B) 2 人ともドーバー・シャークスのファンである。

(C) 彼らはバッテリーを交換する。

(D) 同じチームに属している。

解説 サイモンが **Can we meet a little later, though?**「少し後で会えるかな？」と聞い たのに対して、**I'll call the restaurant now and ask them to push back our reservation by an hour.**「レストランに電話して、予約を 1 時間後ろ送りにしても らうよう伝えておくね。」と答えています。したがって (A) が正解です。(B) (C) (D) はそ れぞれ本文で述べられてはいないため不適切です。

まとまった文章を読み取らせる問題

　ある程度まとまった量の英文を正しく読み取れるかどうかを試す問題です。このパターンはまさに「文章を読む」という感覚で取り組め、読解問題としては一般的な形です。比較的読みやすい英文と言えるでしょう。そのかわり、文章量が多くなるので解答に時間がかかる場合があります。

サンプル問題 6-7

Questions 6-7 refer to the following **notice**.

To: All students taking French 101

From: Dr. Jean Lambert, French department

Writing tasks

I hope you all had a good vacation. I am looking forward to talking with everyone about the essays you wrote during the vacation. I will be in my office on Tuesdays and Thursdays from 10:00 to 12:00 and 2:00 to 4:00. If you want to discuss any other topic, please e-mail me at lambert@frenchdep.edu.

ピンポイントで再読　　　ピンポイントで再読

6. What does the professor want to discuss?

(A) Essays
(B) Vacations
(C) Schedules
(D) France

7. When is the professor free?

(A) Mondays at 10:00
(B) Tuesdays at 9:30
(C) Wednesdays at 1:00
(D) Thursdays at 3:30

●攻略のポイント

POINT 1　文章のタイプを把握

導入文の the following の直後の語句をすばやく確認し、**問題英文がどういったタイプの英文なのか**を忘れずに把握しましょう。
よく出題される形式
- sign （看板）
- receipt （レシート・領収書）
- invoice （請求書・添え状）
- information （情報）
- article （記事）
- memo （社内文書）

POINT 2　「問題英文」⇒「設問」⇒「問題英文」

まず「問題英文に目を通し」てから、設問を読み「質問内容を確認」、そして問題英文の「質問と関係ある個所を重点的に再読」という手順を踏むと効率的に解答できます。

❶ 問題英文
はじめに問題英文を読む際は、キーとなる情報を見つけ、概要を把握できれば十分。左の告知であれば、誰から、誰に向けたものなのか、何を知らせようとしているのかを把握できればよく、細かな日時や場所は正確に理解できていなくても大丈夫。

❷ 設問
次に設問を読みます。何を質問しているのかを正確に把握してください。それができれば、どの情報を探ればよいのか、しぼり込みが行えます。

❸ 問題英文
最後に問題英文を再読です。この時も全文をじっくり読む必要はありません。手順❷でしぼりこんだ情報と関係のありそうな１、２文を重点的に読めばよいのです。最初に、目を通しているので、設問を読んだ時点で、どこを再読すればよいかピンとくるはずです。

訳　設問 6-7 は次の告知に関するものです。

宛先：フランス語 101 を受講している全学生へ

差出人：フランス語学科　ジーン・ランバート博士

作文の課題
楽しい休暇を過ごしたことと思います。休暇中に書いてもらった作文について、みなさんとお話しできるのを楽しみにしています。私は毎週火曜日と木曜日の 10 時から 12 時までと、2 時から 4 時まで研究室におります。ほかの件で私に話がある場合には lambert@frenchdep.edu までメールしてください。

設問　Q6 教授は何について話をしたいのですか。
(A) 作文
(B) 休暇
(C) スケジュール
(D) フランス

解説　〈導入文〉をまず読み、この英文が何らかの notice（告知）であることを確認します。問題英文中に記載の To や From、そして告知のタイトル (Writing tasks) から、この告知の受信者・発信者、この告知の概要をとらえます。設問 6 の正解情報を述べている個所は I am looking forward to talking with everyone about the essays ... ですが、設問では am looking forward to（～するのを楽しみにしている）が want に、talk with が discuss に言い換えられています。そのため、この個所を特定できずに不正解となった人が多いかもしれません。こうした表現の言い換えを使った問題は TOEIC Bridge に頻出です。注意しましょう。

(A) 毎週月曜 10 時
(B) 毎週火曜 9 時 30 分
(C) 毎週水曜 1 時
(D) 毎週木曜 3 時 30 分

解説 2 つ目の設問は問題英文中の I will be in my office on Tuesdays and Thursdays from 10:00 to 12:00 and 2:00 to 4:00. に当てはまる日時を選択肢から選びます。be in my office が設問では、is free と言い換えられていることに気付けるかどうかがポイントです。「火曜日と木曜日の 10 時から 12 時、2 時から 4 時」時間帯に一致するのは (D) のみ。(B) は火曜日という曜日はよいのですが、9 時 30 分という時間が教授の提示した時間帯より早いので不可。選択肢の on Tuesdays のように曜日に複数形の s が付くと、「毎週火曜日」という意味になります。覚えておきましょう。

※問題を読む手順について

問題英文が長い場合には、設問を先読みすることもありますが、TOEIC Bridge の場合は、どの文章も比較的短いですので、設問を先に読んでから問題英文を読むのではなく、「問題英文」⇒「設問」⇒「問題英文」の手順で、解くように心がけてください。この手順で読み取りを行ったほうが、効率的に情報処理ができるはずです。

Questions 8-10 refer to the following e-mail.

To:	<dortega@tmpcontractring.co.ca>
From:	<customerservice@braxtonsupplies.co.ca>
Re:	Order #78034-92
Date:	February 15

Dear Mr. Ortega:

Your forty blocks are ready for pick-up at our Brook Street location. To help our staff quickly identify your purchase, please print out this e-mail with the order number and bring it to the store. In addition, we want to remind you about our delivery service. We deliver blocks directly to construction sites at the following rates.

- Up to 10 blocks: $18.00
- 10 to 50 blocks: $24.00
- 50 to 100 blocks: $28.00
- 100 to 200 blocks: $30.00

Sincerely,

Anika Chopra
Customer Service
Braxton Supplies

8. Why is the e-mail being sent?

(A) An invoice is incorrect.
(B) An order is ready.
(C) A rate has increased.
(D) A store has moved.

9. What does Ms. Chopra say about her message?

(A) It should be printed.
(B) It was sent twice.
(C) It includes a photo.
(D) It will stay in a folder.

10. How much does the order cost to deliver?

(A) $18.00
(B) $24.00
(C) $28.00
(D) $30.00

L PART 1

L PART 2

L PART 3

L PART 4

R PART 1

R PART 2

●攻略のポイント

POINT 3

手紙・Eメールはココを読む！
問題英文が〈手紙〉や〈Eメール〉の場合は、「誰」から「誰」に宛てたものなのかを把握することが、読解の第一歩となります。手紙もEメールも、その情報が記載されている位置は決まっているので、素早くチェックしましょう。

レターヘッド	差出人の会社情報（社名／ウェブサイト／住所／電話番号など）
宛名	「誰」宛の手紙か、ここではっきりします。会社情報も記載。
はじめのひと言	必ず表記される冒頭のあいさつ。「オルテガさま」というように、ここでも誰宛なのかを確認できます。
署名	差出人の署名欄。ここで「誰」からのEメールなのかがわかります。

POINT 4

英文全体から概要を問う設問
設問についてもパターンを把握しておくと、正解の助けになります。設問パターンは大別すると2つ。まず、「このEメールはなぜ送られましたか？」というように、**英文全体の主題・概要を問う**パターン。この場合、英文全体にさっと目を通し、**英文全体に散らばった情報を総合して**、正解を導き出してください。このタイプは、設問の1問目にくることが多いことも覚えておきましょう。

POINT 5

英文の部分から詳細を問う設問
「配達を頼むといくらになりますか？」というように、**英文の詳細情報を問う**のが2つ目が設問パターンの2つ目です。具体的な情報を尋ねているので、正解の手がかり（金額や所要時間、人数など）が**ピンポイント**で登場します。

正解と解説　8 (B)　　9 (A)　　10 (B)

訳 設問 8-10 は次の E メールに関するものです。

受信者：　<dortega@tmpcontractring.co.ca>
送信者：　<customerservice@braxtonsupplies.co.ca>
件名：　　Order #78034-92
日付：　　2 月 15 日

オルテガ様
あなたの 40 個のブロックが、我々のブルック通り店舗で受取の準備ができました。店員が注文をすぐに確認できるよう、注文番号とともにこのメールを印刷して店舗へお持ちください。
さらに、配達サービスについてご案内いたします。以下の価格でブロックを建設現場に直接配送いたします。

・10 ブロックまで：18 ドル
・10 から 50 ブロック：24 ドル
・50 から 100 ブロック：28 ドル
・100 から 200 ブロック：30 ドル

敬具
ブラクストン配給会社　お客様サービス　アニカ・チョプラ

設問 Q8 この E メールはなぜ送られましたか？
(A) 請求書が誤っている。
(B) 注文品が用意できた。
(C) 料金が値上がりした。
(D) 店舗が移転した。

解説 第 1 文「40 個のブロックが、我々のブルック通り店舗で受取の準備ができました。」から注文した商品の用意ができたことがわかります。したがって (B) が正解です。(A)(C)(D) については、メール内に書かれておらず不適切です。

L PART 1

L PART 2

L PART 3

L PART 4

R PART 1

R PART 2

R PART 3

設問 **Q9** チョプラさんは彼女のメッセージについて何と言っていますか？

    (A) 印刷されるべきである。

    (B) 2 度送られた。

    (C) 写真を含んでいる。

    (D) フォルダに入れられる。

解説 第 2 文「注文番号とともにこのメールを印刷して店舗へお持ちください。」からこの E メールを印刷する必要があることが分かります。したがって (A) が正解です。(B)(C)(D) についてはメール内に書かれておらず不適切です。

設問 **Q10** 配達を頼むといくらになりますか？

    (A) 18 ドル

    (B) 24 ドル

    (C) 28 ドル

    (D) 30 ドル

解説 第 1 文からこの顧客は「40 個のブロック」(forty blocks) を注文していることが分かるので、価格リスト中の **10 to 50 blocks**「10 から 50 ブロック」を見ると配送料として **$24.00**「24 ドル」かかることが分かります。したがって (B) が正解です。

変則的な英文や図表を読み取らせる問題

　変則的な文章や図表を、正確に読み取れるかどうかを試す問題です。文章を読むというよりも「情報を探し出す」感覚で取り組みます。この手の問題になじみがない方もいらっしゃるかもしれませんが、TOEIC Bridge ではよく出題されるパターンです（8 つの問題英文のうち 2 ～ 3 題）。慣れてしまえば文章量が少ないために、素早く解答することが可能です。

Questions 11–12 refer to the following **advertisement.**

Tazon IT, Inc

Wanted: Talented People

Openings:

- Software development
- Data security
- Network development

Requirements:

- At least 3 years' experience
- Degree or certificate of expertise
- Professional references
- Willingness to travel

Find out more at: www.tazonit.com

11. What is being advertised?

  (A) Job openings
  (B) School classes
  (C) A new software
  (D) A training program

12. How can interested people get more information?

  (A) By visiting the Web site
  (B) By contacting a manager
  (C) By going to a university
  (D) By buying some software

●攻略のポイント

POINT 1

文章のタイプを把握！
導入文の the following の直後の語句をすばやく確認し、**問題英文がどういったタイプの英文なのかを忘れずに把握**しましょう。左の英文の場合は advertisement（広告）と記載されていますので、どのような情報を読み手に伝えようとしている広告なのかを意識して読む必要があります。

POINT 2

タイトルをチェック
一番目立つ所に、太字で記されている**タイトル・見出し**は、その文書の**主題や目的を伝える最重要情報**です。真っ先に確認してください。左の英文の場合、Wanted: Talented People「求む：才能豊かな人」という広告見出しだけで、求人広告だと理解できて、文書の全体像が広告だと把握できますね。さらに、この見出しは設問 11 の「何が宣伝されていますか」の直接的なヒントになっています。

POINT 3

簡略表現に要注意
限られたスペースで必要な情報を伝達するために、**語句の省略や略語**が用いられます。そこから、書き手の意図を類推しなければならないので、高度な問題になる場合があります。

Find out more at: www.tazonit.com.

短い命令文だが実は…

(You can) Find out more (information) at: www.tazonit.com.

（さらに詳しい情報は www.tazonit.com のサイトにてご覧いただけます）

　という意味がコンパクトに表現されている。ココが設問 *12* のヒントになっている！

正解と解説　11 (A)　　12 (A)

訳 設問 11-12 は次の広告に関するものです。

タイゾン IT 社

求む：有能な人材

欠員のある職種：
- ●ソフトウェア開発
- ●データの機密保護
- ●ネットワーク開発

応募要件：
- ●最低 3 年の職務経験
- ●専門技術に関する学位もしくは修了証書
- ●職務上の推薦状
- ●出張する意欲

より詳しくは www.tazonit.com を参照

設問 **Q11** 何が宣伝されていますか。
(A) 求人
(B) 学校の授業
(C) 新しいソフトウェア
(D) 研修プログラム

解説 導入文の ... the following advertisement から広告であることはすぐにわかるので、何を宣伝しているのか意識しながら、英文を読んでいきます。まず見出しの **Wanted: Talented People** ですが、変則的な表現なので悩んだ人も多いでしょう。直訳すると「求められる：才能のある人」ですが、ここから、求人をしているのだろうと推測します。以降、**Openings**（欠員のある職種）、**Requirements**（応募要件）といった語句から、この文章が求人広告であることを確信できます。正解は (A)。

設問 Q12 関心のある人は、さらに詳しい情報をどうやって入手できますか。
(A) ウェブサイトを訪問することで
(B) 部長に連絡することで。
(C) 大学の講義に行くことで。
(D) ソフトウェアを購入することで。

解説 この広告について詳細情報を入手する方法を尋ねています。問題英文の最後の **Find out ...** は限られたスペースに必要な情報を盛り込むために、**(You can) find out more (information) at: www.tazonit.com.** を省略した表現です。この点に気づけるかがポイント。ここでは「ウェブアドレスで詳細情報が見つかる」ということなので、これを「ウェブサイトを訪問することで」と表現した (A) が正解です。

L PART 1

L PART 2

L PART 3

L PART 4

R PART 1

R PART 2

R PART 3

Questions 13–14 refer to the following receipt.

Purgo Home and Garden Tools

8924 Meyer Road

Purchase ID: 9074J34RG

Item	Price	Number Bought	Item Total
Plant pots	$5.99	5	$29.95
Hammer	$8.56	2	$17.12
Nails (box)	$6.50	3	$19.50
Drill	$87.79	1	$87.79

Subtotal: $154.36

Tax (6%) $9.26

Total Due: $163.62

Amount Paid: $163.62

Balance: $0.00

全選択肢を比較検討

13. How many hammers were bought?
(A) One
該当なし
(B) Two
(C) Three
(D) Five

14. What is NOT in the receipt?
(A) Purchase code
(B) Store location
(C) Delivery fees
(D) Tax rates

●攻略のポイント

POINT 4 **見出し行・列から必要な情報のみ探す！**
表から特定の項目の情報を探し出す場合には、必要となる**見出し行・列だけを確認**します。ハンマー (hammer) は「8.56 ドル」で、「2 個」購入して、合計「17.12 ドル」というように、記載されている数値をすべて、ひとつひとつ読み解くのは時間の無駄です。設問で求められている特定の項目の数値を問われた場合は、該当個所をピンポイントですばやく確認しましょう。

How many hammers were bought?

レシートの
見出し行・列を確認！

Hammer の行と *Number Bought* の列が交わる部分を確認
すればよいだけとすぐにわかる！ → 大幅な時間短縮につながる！

POINT 5 **NOT設問に要注意**
「レシートに記載されていないものは何ですか」というように、「**～しないものは何？**」という設問が、出題されることがあります。問題英文と選択肢を**1つ1つ比較検討**して、レシートに記載されているものを除外していきます。最後に残ったものを正解として選ぶので、解答に若干時間を要します。

解答に
(A) *Purchase code* ⇒ *Purchase ID* に一致
(B) *Store location* ⇒ *8925 Meyer Road* に一致
(C) *Delivery fees* ⇒ それらしきものはないなぁ…
(D) *Tax rates* ⇒ *Tax (6%)* に一致

最後まで比較検討してようやく…

最後に残った (C) を確信をもって選べる！

正答と解説　13 (B)　　14 (C)

訳　設問 13-14 は次のレシートに関するものです。

パーゴ・ホーム・アンド・ガーデン道具店

メイヤー通り 8924 番地

購入番号：9074J34RG

商品	価格	購入数	商品計
植木鉢	5.99 ドル	5	29.95 ドル
ハンマー	8.56 ドル	2	17.12 ドル
くぎ (箱)	6.50 ドル	3	19.50 ドル
ドリル	87.79 ドル	1	87.79 ドル
小計	154.36 ドル		
税 (6%)	9.26 ドル		
合計	163.62 ドル		
お支払い額	163.62 ドル		
残金	0.00 ドル		

設問　Q13 ハンマーはいくつ購入されましたか。
(A) 1つ
(B) 2つ
(C) 3つ
(D) 4つ

解説　金額や数値を記した表では、見出し行・列をまず確認します。見出し行・列とは、そ
れぞれの行と列が何を表しているかを明示した〈上端の行〉と〈左端の列〉のことで
す。見出し行は左から、**Item** (商品名)、**Price** (価格)、**Number Bought** (購入数)、
Item Total (商品計)。見出し列は上から、**Plant pots** (植木鉢)、**Hammer** (ハンマー)、
Nails (くぎ)、**Drill** (ドリル) となっています。設問はハンマーの購入数を尋ねている
ので、**Hammer** 行と **Number Bought** 列が交わる位置をピンポイントで確認する
と、正解は (B) **Two** だとわかります。

L PART 1

L PART 2

L PART 3

L PART 4

R PART 1

R PART 2

R PART 3

設問 **Q14** 領収書に載っていないものはどれですか。
(A) 購入番号
(B) 店舗所在地
(C) 配送料
(D) 税率

解説 領収書に記載されていない情報を尋ねています。このような **NOT** 設問では、問題英文と選択肢を (A) から順に比較していきます。(A) **Purchase code** は **Purchase ID**、(B) **Store location** は店名の下の住所 **8924 Meyer Road** に該当。(C) の **Delivery fees** に該当するものが見つかりませんが、この時点では、見逃している可能性もあるので、まだ最終判断はできません。最後の (D) **Tax rates** が **Tax (6%)** に該当することを確認してから、残った (C) が正解だと最終的に判断できます。

※「NOT 設問」が苦手な人へ

「NOT 設問」に出くわしたら、とりあえず飛ばして、時間のかからないほかの問題を先に解いてしまいましょう。そうやって最後、時間が余ったら、もう一度「NOT 設問」に取り組むのも、有効な戦略です。

実戦問題

　1 つでも多くの問題に正解するために、本番の試験で何をすべきで、何をすべきでないのかをまとめました。これまで学習した攻略ポイントに加えて、これらも意識しながら取り組みましょう。

❶指示文は読まない！

　指示文が 1 ページにわたって掲載されていますが、これまでのパート同様、読む必要はありません。本書で事前に確認しておきましょう（➡ p166 参照）。このページはとばして、ただちに問題に取り組みましょう。

❷「導入文」を読む

　問題英文の前に付いている導入文を必ず読みましょう。導入文は、Questions 81-82 refer to the following advertisement. というように、これから取り組む問題英文の形式を教えてくれます。これは、英文を読解する上で極めて重要なヒントとなります。

❸速読を心掛けよう！

　PART 3 は時間のかかるパートです。のんびり解答していると、あっという間に試験終了の時間になってしまいます。〈問題英文〉⇒〈設問〉⇒〈問題英文〉の手順で効率よく解答を行いましょう。また、1 つの問題英文につき 2 分 30 秒というペースを常に意識して速読を行いましょう。

注意

・本番同様、問題番号が No. 81 からスタートしています。
・解答には p.213 のマークシートをご利用ください。
・正解と解説は別冊の pp. 56 ～ 71 に掲載。

次のページから、実戦問題のスタートです！

READING PART 3

Directions: You will read some texts such as notices, letters, and instant messages. Each text is followed by two or three questions. Choose the best answer to each question and mark the letter (A), (B), (C), or (D) on your answer sheet.

Example

1. What does the store sell?

(A) Food

(B) Clothing

(C) Books

(D) Furniture

2. What time does the store close on Tuesday?

(A) At 7:00 P.M.

(B) At 8:00 P.M.

(C) At 9:00 P.M.

(D) At 10:00 P.M.

The best answer for question 1 is (A), so you should mark the letter (A) on your answer sheet.

The best answer for question 2 is (C), so you should mark the letter (C) on your answer sheet.

Questions 81-82 refer to the following receipt.

Arti's Service

Customer: Chris Anderson
Date: September 9

Arti's Service received the amount of $469.00 from the customer.
Vehicle type: Mid-size car (gray)
Rental period: 5 days

The payment was received:

in cash ☐   by card ☑

---

81. What type of business is Arti's Service?

(A) A tour company
(B) A car rental agency
(C) A gas station
(D) A financial service

82. What did Mr. Anderson do on September 9?

(A) He bought a vehicle.
(B) He booked a flight.
(C) He cancelled a reservation.
(D) He used a credit card.

Questions 83-84 refer to the following text message.

83. What does Nadia say she was doing?

(A) Driving
(B) Working
(C) Reading
(D) Walking

84. Select the best response to Nadia's message.

(A) "A plumber is here."
(B) "More than enough."
(C) "The kitchen sink."
(D) "OK, I'll write it down."

Questions 85-86 refer to the following notice.

ATTENTION STAFF

There is a red bicycle locked to a post in the restaurant's parking lot. I don't know whether it belongs to a staff member or somebody else. Since it has been there for a month, we will have it taken away next Monday. If it's yours, please take it home with you. Thank you.

Julian Spenser

---

85. What is Ms. Spenser unsure of?

    (A) Why a door is locked
    (B) Where to park
    (C) When something was taken
    (D) Who owns a bicycle

86. What does Ms. Spenser say about the bicycle?

    (A) It is black and white.
    (B) It may be removed.
    (C) It has a basket.
    (D) It was left for two months.

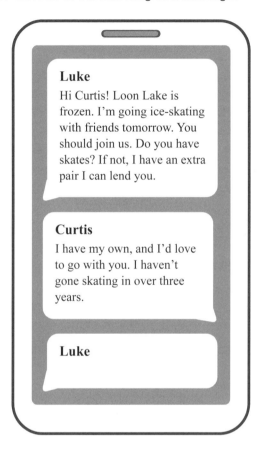

Luke

Hi Curtis! Loon Lake is frozen. I'm going ice-skating with friends tomorrow. You should join us. Do you have skates? If not, I have an extra pair I can lend you.

Curtis

I have my own, and I'd love to go with you. I haven't gone skating in over three years.

Luke

87. Why did Luke send a message to Curtis?

(A) To ask him for directions
(B) To thank him for a ride
(C) To invite him to a lake
(D) To tell him about a vacation

88. Select the best response to Curtis's message.

(A) "We've already met."
(B) "No, it took four years."
(C) "Quite a lot, I heard."
(D) "OK, I'll pick you up."

Questions 89-91 refer to the following note.

Carol

I stopped by your desk to remind you about Sunup Cleaning. They're sending someone to clean our air conditioners. I have a meeting at Shelton Bank at two. That's when the maintenance here is scheduled to start. Could you inform the staff that the office will get pretty warm? After Sunup finishes, turn the air conditioners back on.

See you later.

Tristan

---

89. Where will Tristan be during the maintenance work?

(A) At a dry-cleaner's
(B) At an airport
(C) At a bank
(D) At a shop

90. What does Tristan ask Carol to do?

(A) Talk to some coworkers
(B) Review an invoice
(C) Open some windows
(D) Check the temperature

91. What is suggested about the air conditioners?

(A) They will be picked up.
(B) They will be installed.
(C) They will be turned off.
(D) They will be replaced.

Questions 92-94 refer to the following advertisement.

HAPPENING SOON!

Over the next couple weeks, The Fletcher Kings will give four shows across California. This is New York City's biggest jazz band. And their latest album, *VOYAGE BLUE*, has been a big hit since it came out in August.

Shows
- Sacramento—October 27
- San Francisco—October 29
- Los Angeles—November 3
- San Diego—November 6

For the final show, saxophone player Judd Roberts will join the band on stage. To reserve a seat, go to boxofficeone.com.

---

92. What happened in August?

(A) An event was postponed.
(B) A book was published.
(C) A concert was held.
(D) An album was released.

93. Where will the band NOT perform?

(A) In Sacramento
(B) In San Francisco
(C) In Santa Ana
(D) In Los Angeles

94. When will Mr. Roberts be on a stage?

(A) On October 27
(B) On October 29
(C) On November 3
(D) On November 6

Questions 95-97 refer to the following Web page.

Jelly Berry Company

Jelly Berry Tours

Come see how we make candy! We offer tours Tuesday through Friday. Every day, we make a different type of jelly bean. For example, we make soda flavors on Mondays and then fruit, mint, and sour flavors on each day that follows. Tours are $20 per person. Guests receive free samples and a discount card for Jelly Berry stores.

Comments:

> Sue (April 2)
> The tour was great. I saw how they make pineapple jelly beans, my favorite

> Brett (July 17)
> I learned so much, and the guide gave us candy! Everyone should tour this factory.

---

95. What is indicated about the tour?

(A) It is held twice a week.
(B) It takes place in a factory.
(C) It was cancelled in July.
(D) It costs less for groups.

96. What is included in the tour price?

(A) A drink
(B) A poster
(C) A glass
(D) A card

97. When did Sue probably take the tour?

(A) On a Monday
(B) On a Tuesday
(C) On a Wednesday
(D) On a Thursday

Vanessa [11:34 A.M.]

Have you registered for Saturday's charity bicycle race? I'm not sure if there's a registration fee. The flyer I picked up doesn't say.

Angelo [11:35 A.M.]

You have to sign up online. It's free, but the organizers want everyone to donate at least ten dollars.

Vanessa [11:36 A.M.]

OK, I'll make sure to do that when we meet near the starting line. Today, I have to buy a helmet. The strap on mine broke.

Angelo [11:37 A.M.]

You'll also have to wear a tag on Saturday. Don't forget to ask for it before the event. Your name will be on it, and you'll put it on your shirt.

---

98. What are the writers planning to do?

(A) Update a Web site
(B) Join a charity event
(C) Register for a course
(D) Watch a sporting event

99. What problem does Vanessa mention?

(A) She did not read a flyer.
(B) She forgot to make a donation.
(C) She cannot wear a helmet.
(D) She did not read a sign.

100. What should Vanessa remember to do?

(A) Ask for a tag
(B) Spell her name
(C) Wait in a line
(D) Wear a red shirt

マークシートは切り離してご利用ください。
または、専用 Web サイトで、A4 用紙に印刷できる PDF データを配布しています。
ダウンロードして、そちらをご利用いただくこともできます。
採点は、便宜的に 1 問 1 点に正解数をかけて計算してください。

専用 Web サイト
https://www.ask-books.com/978-4-86639-397-1/

〈サンプル問題〉
LISTENING TEST 用マークシート

LISTENING TEST

Part 1				
No.	\multicolumn{4}{c}{ANSWER}
	A	B	C	D
1	Ⓐ	Ⓑ	Ⓒ	Ⓓ
2	Ⓐ	Ⓑ	Ⓒ	Ⓓ

Part 2				
No.	\multicolumn{4}{c}{ANSWER}
	A	B	C	D
1	Ⓐ	Ⓑ	Ⓒ	Ⓓ
2	Ⓐ	Ⓑ	Ⓒ	Ⓓ
3	Ⓐ	Ⓑ	Ⓒ	Ⓓ
4	Ⓐ	Ⓑ	Ⓒ	Ⓓ
5	Ⓐ	Ⓑ	Ⓒ	Ⓓ
6	Ⓐ	Ⓑ	Ⓒ	Ⓓ
7	Ⓐ	Ⓑ	Ⓒ	Ⓓ
8	Ⓐ	Ⓑ	Ⓒ	Ⓓ
9	Ⓐ	Ⓑ	Ⓒ	Ⓓ
10	Ⓐ	Ⓑ	Ⓒ	Ⓓ

Part 3				
No.	\multicolumn{4}{c}{ANSWER}
	A	B	C	D
1	Ⓐ	Ⓑ	Ⓒ	Ⓓ
2	Ⓐ	Ⓑ	Ⓒ	Ⓓ
3	Ⓐ	Ⓑ	Ⓒ	Ⓓ
4	Ⓐ	Ⓑ	Ⓒ	Ⓓ

Part 4				
No.	\multicolumn{4}{c}{ANSWER}
	A	B	C	D
1	Ⓐ	Ⓑ	Ⓒ	Ⓓ
2	Ⓐ	Ⓑ	Ⓒ	Ⓓ
3	Ⓐ	Ⓑ	Ⓒ	Ⓓ
4	Ⓐ	Ⓑ	Ⓒ	Ⓓ

〈切り取り線〉

マークシートは切り離してご利用ください。
または、専用 Web サイトで、A4 用紙に印刷できる PDF データを配布しています。
ダウンロードして、そちらをご利用いただくこともできます。
採点は、便宜的に 1 問 1 点に正解数をかけて計算してください。

専用 Web サイト
https://www.ask-books.com/978-4-86639-397-1/

Score /27

Date / /

〈サンプル問題〉
READING TEST 用マークシート

READING TEST

Part 1					
No.	ANSWER				
	A	B	C	D	
1	Ⓐ	Ⓑ	Ⓒ	Ⓓ	
2	Ⓐ	Ⓑ	Ⓒ	Ⓓ	
3	Ⓐ	Ⓑ	Ⓒ	Ⓓ	
4	Ⓐ	Ⓑ	Ⓒ	Ⓓ	
5	Ⓐ	Ⓑ	Ⓒ	Ⓓ	
6	Ⓐ	Ⓑ	Ⓒ	Ⓓ	
7	Ⓐ	Ⓑ	Ⓒ	Ⓓ	

Part 2				
No.	ANSWER			
	A	B	C	D
1	Ⓐ	Ⓑ	Ⓒ	Ⓓ
2	Ⓐ	Ⓑ	Ⓒ	Ⓓ
3	Ⓐ	Ⓑ	Ⓒ	Ⓓ
4	Ⓐ	Ⓑ	Ⓒ	Ⓓ
5	Ⓐ	Ⓑ	Ⓒ	Ⓓ
6	Ⓐ	Ⓑ	Ⓒ	Ⓓ

Part 3									
No.	ANSWER				No.	ANSWER			
	A	B	C	D		A	B	C	D
1	Ⓐ	Ⓑ	Ⓒ	Ⓓ	11	Ⓐ	Ⓑ	Ⓒ	Ⓓ
2	Ⓐ	Ⓑ	Ⓒ	Ⓓ	12	Ⓐ	Ⓑ	Ⓒ	Ⓓ
3	Ⓐ	Ⓑ	Ⓒ	Ⓓ	13	Ⓐ	Ⓑ	Ⓒ	Ⓓ
4	Ⓐ	Ⓑ	Ⓒ	Ⓓ	14	Ⓐ	Ⓑ	Ⓒ	Ⓓ
5	Ⓐ	Ⓑ	Ⓒ	Ⓓ					
6	Ⓐ	Ⓑ	Ⓒ	Ⓓ					
7	Ⓐ	Ⓑ	Ⓒ	Ⓓ					
8	Ⓐ	Ⓑ	Ⓒ	Ⓓ					
9	Ⓐ	Ⓑ	Ⓒ	Ⓓ					
10	Ⓐ	Ⓑ	Ⓒ	Ⓓ					

マークシートは切り離してご利用ください。

または、専用 Web サイトで、A4 用紙に印刷できる PDF データを配布しています。

ダウンロードして、そちらをご利用いただくこともできます。

採点は、便宜的に 1 問 1 点に正解数をかけて計算してください。

専用 Web サイト

https://www.ask-books.com/978-4-86639-397-1/

〈実戦問題〉用マークシート

〈切り取り線〉

Score 　／100

Date 　／　／

LISTENING TEST

Part1		Part2		Part3		Part4	
No.	ANSWER A B C D	No.	ANSWER A B C D	No.	ANSWER A B C D	No.	ANSWER A B C D
1	Ⓐ Ⓑ Ⓒ Ⓓ	11	Ⓐ Ⓑ Ⓒ Ⓓ	21	Ⓐ Ⓑ Ⓒ Ⓓ	31	Ⓐ Ⓑ Ⓒ Ⓓ	41	Ⓐ Ⓑ Ⓒ Ⓓ
2	Ⓐ Ⓑ Ⓒ Ⓓ	12	Ⓐ Ⓑ Ⓒ Ⓓ	22	Ⓐ Ⓑ Ⓒ Ⓓ	32	Ⓐ Ⓑ Ⓒ Ⓓ	42	Ⓐ Ⓑ Ⓒ Ⓓ
3	Ⓐ Ⓑ Ⓒ Ⓓ	13	Ⓐ Ⓑ Ⓒ Ⓓ	23	Ⓐ Ⓑ Ⓒ Ⓓ	33	Ⓐ Ⓑ Ⓒ Ⓓ	43	Ⓐ Ⓑ Ⓒ Ⓓ
4	Ⓐ Ⓑ Ⓒ Ⓓ	14	Ⓐ Ⓑ Ⓒ Ⓓ	24	Ⓐ Ⓑ Ⓒ Ⓓ	34	Ⓐ Ⓑ Ⓒ Ⓓ	44	Ⓐ Ⓑ Ⓒ Ⓓ
5	Ⓐ Ⓑ Ⓒ Ⓓ	15	Ⓐ Ⓑ Ⓒ Ⓓ	25	Ⓐ Ⓑ Ⓒ Ⓓ	35	Ⓐ Ⓑ Ⓒ Ⓓ	45	Ⓐ Ⓑ Ⓒ Ⓓ
6	Ⓐ Ⓑ Ⓒ Ⓓ	16	Ⓐ Ⓑ Ⓒ Ⓓ	26	Ⓐ Ⓑ Ⓒ Ⓓ	36	Ⓐ Ⓑ Ⓒ Ⓓ	46	Ⓐ Ⓑ Ⓒ Ⓓ
7	Ⓐ Ⓑ Ⓒ Ⓓ	17	Ⓐ Ⓑ Ⓒ Ⓓ	27	Ⓐ Ⓑ Ⓒ Ⓓ	37	Ⓐ Ⓑ Ⓒ Ⓓ	47	Ⓐ Ⓑ Ⓒ Ⓓ
8	Ⓐ Ⓑ Ⓒ Ⓓ	18	Ⓐ Ⓑ Ⓒ Ⓓ	28	Ⓐ Ⓑ Ⓒ Ⓓ	38	Ⓐ Ⓑ Ⓒ Ⓓ	48	Ⓐ Ⓑ Ⓒ Ⓓ
9	Ⓐ Ⓑ Ⓒ Ⓓ	19	Ⓐ Ⓑ Ⓒ Ⓓ	29	Ⓐ Ⓑ Ⓒ Ⓓ	39	Ⓐ Ⓑ Ⓒ Ⓓ	49	Ⓐ Ⓑ Ⓒ Ⓓ
10	Ⓐ Ⓑ Ⓒ Ⓓ	20	Ⓐ Ⓑ Ⓒ Ⓓ	30	Ⓐ Ⓑ Ⓒ Ⓓ	40	Ⓐ Ⓑ Ⓒ Ⓓ	50	Ⓐ Ⓑ Ⓒ Ⓓ

READING TEST

Part1		Part2		Part3		Part3	
No.	ANSWER A B C D	No.	ANSWER A B C D	No.	ANSWER A B C D	No.	ANSWER A B C D
51	Ⓐ Ⓑ Ⓒ Ⓓ	61	Ⓐ Ⓑ Ⓒ Ⓓ	71	Ⓐ Ⓑ Ⓒ Ⓓ	81	Ⓐ Ⓑ Ⓒ Ⓓ	91	Ⓐ Ⓑ Ⓒ Ⓓ
52	Ⓐ Ⓑ Ⓒ Ⓓ	62	Ⓐ Ⓑ Ⓒ Ⓓ	72	Ⓐ Ⓑ Ⓒ Ⓓ	82	Ⓐ Ⓑ Ⓒ Ⓓ	92	Ⓐ Ⓑ Ⓒ Ⓓ
53	Ⓐ Ⓑ Ⓒ Ⓓ	63	Ⓐ Ⓑ Ⓒ Ⓓ	73	Ⓐ Ⓑ Ⓒ Ⓓ	83	Ⓐ Ⓑ Ⓒ Ⓓ	93	Ⓐ Ⓑ Ⓒ Ⓓ
54	Ⓐ Ⓑ Ⓒ Ⓓ	64	Ⓐ Ⓑ Ⓒ Ⓓ	74	Ⓐ Ⓑ Ⓒ Ⓓ	84	Ⓐ Ⓑ Ⓒ Ⓓ	94	Ⓐ Ⓑ Ⓒ Ⓓ
55	Ⓐ Ⓑ Ⓒ Ⓓ	65	Ⓐ Ⓑ Ⓒ Ⓓ	75	Ⓐ Ⓑ Ⓒ Ⓓ	85	Ⓐ Ⓑ Ⓒ Ⓓ	95	Ⓐ Ⓑ Ⓒ Ⓓ
56	Ⓐ Ⓑ Ⓒ Ⓓ	66	Ⓐ Ⓑ Ⓒ Ⓓ	76	Ⓐ Ⓑ Ⓒ Ⓓ	86	Ⓐ Ⓑ Ⓒ Ⓓ	96	Ⓐ Ⓑ Ⓒ Ⓓ
57	Ⓐ Ⓑ Ⓒ Ⓓ	67	Ⓐ Ⓑ Ⓒ Ⓓ	77	Ⓐ Ⓑ Ⓒ Ⓓ	87	Ⓐ Ⓑ Ⓒ Ⓓ	97	Ⓐ Ⓑ Ⓒ Ⓓ
58	Ⓐ Ⓑ Ⓒ Ⓓ	68	Ⓐ Ⓑ Ⓒ Ⓓ	78	Ⓐ Ⓑ Ⓒ Ⓓ	88	Ⓐ Ⓑ Ⓒ Ⓓ	98	Ⓐ Ⓑ Ⓒ Ⓓ
59	Ⓐ Ⓑ Ⓒ Ⓓ	69	Ⓐ Ⓑ Ⓒ Ⓓ	79	Ⓐ Ⓑ Ⓒ Ⓓ	89	Ⓐ Ⓑ Ⓒ Ⓓ	99	Ⓐ Ⓑ Ⓒ Ⓓ
60	Ⓐ Ⓑ Ⓒ Ⓓ	70	Ⓐ Ⓑ Ⓒ Ⓓ	80	Ⓐ Ⓑ Ⓒ Ⓓ	90	Ⓐ Ⓑ Ⓒ Ⓓ	100	Ⓐ Ⓑ Ⓒ Ⓓ

マークシートは切り離してご利用ください。

または、専用 Web サイトで、A4 用紙に印刷できる PDF データを配布しています。

ダウンロードして、そちらをご利用いただくこともできます。

採点は、便宜的に 1 問 1 点に正解数をかけて計算してください。

専用 Web サイト

https://www.ask-books.com/978-4-86639-397-1/

●著者紹介

高山 芳樹（たかやま よしき）

東京学芸大学教授。（株）イーオン勤務後、学習院高等科教諭、立教大学専任講師などを経て、現職。専門は英語教育学。著書に『最強の英語発音ジム』、『語順が決め手！鬼の英文組み立てトレーニング』（アルク）、『英語授業ハンドブック＜高校編＞』（大衆館書店、共編者）など。2014 年度 NHK ラジオ「エンジョイ・シンプル・イングリッシュ」監修。2015 年度より NHK E テレ「エイエイ GO!」、2020 年度より「おもてなし　即レス英会話」、「もっと伝わる！即レス英会話」の講師を務める。

はじめての
TOEIC BRIDGE®
L&R テスト
全パート総合対策

2021 年 8 月 25 日　　初版　第 1 刷

著者............................高山 芳樹

英文執筆協力 ....Daniel Warriner

発行者 ....天谷 修身

発行............................株式会社アスク出版
　　　　　　　　　　　〒 162-8558
　　　　　　　　　　　東京都新宿区下宮比町 2-6
　　　　　　　　　　　TEL：03-3267-6864
　　　　　　　　　　　FAX：03-3267-6867
　　　　　　　　　　　URL：https://www.ask-books.com/

装幀............................アスクデザイン部

印刷・製本.................大日本印刷株式会社

ISBN 978-4-86639-397-1　　　　　　　　　　　　　　　　　Printed in Japan

乱丁、落丁の場合はお取り替えいたします。弊社カスタマーサービス（電話：03-3267-6500　受付時間：土日祝祭日を除く平日 10:00 ～ 12:00 ／ 13:00 ～ 17:00）までご相談ください。